RENCONTRES
274

Roland Barthes

Ouvrage publié avec le soutien de l'Agence universitaire de la francophonie (AUF).
Ce volume présente les actes des journées de rencontres
« Création, émotion, jouissance »,
organisées par Nenad Ivić et Maja Vukušić Zorica
en juin et juillet 2015 à Zagreb.

Roland Barthes

Création, émotion, jouissance

Sous la direction de Nenad Ivić et Maja Vukušić Zorica

PARIS
CLASSIQUES GARNIER
2017

Nenad Ivić est professeur de littérature française à l'université de Zagreb. Il a publié des livres sur l'historiographie médiévale et antique : *Domišljanje prošlosti* (Zagreb, 1992), *Textus. Istraživanja o Amijanu Marcelinu* (Zagreb, 2002) et sur la littérature, poésie et musique moderne : *Napulj i druga imaginarna mjesta* (Zagreb, 2009), *Augurium* (Zagreb, 2012) et *Grč sirene* (Zagreb, 2014).

Maja Vukušić Zorica est maître de conférences à l'université de Zagreb. Elle a soutenu sa thèse sur le *Journal* de Gide à l'université Paris-Diderot – Paris 7. Elle a publié *André Gide, les gestes d'amour et l'amour des gestes* (Paris, 2013). Elle donne des cours sur la théorie et la littérature française des XIXe et XXe siècles et s'intéresse à la littérature, la théorie, la philosophie, la musique et à l'érotisme.

ISBN 978-2-406-06414-5 (livre broché)
ISBN 978-2-406-06415-2 (livre relié)
ISSN 2103-5636

ABRÉVIATIONS

OC I-V Roland Barthes, *Œuvres complètes. Livres, textes, entretiens I-V*, nouvelle édition revue, corrigée et présentée par Éric Marty, Paris, Seuil, 2002.

INTRODUCTION

Dominique Rabaté dans son intervention à partir du *Plaisir du texte*, rappelle une formule de Barthes, issue d'un entretien de 1972 intitulé « Plaisir/Écriture/Lecture », qui pointe une « sexualité seconde », une « sexualité du langage ». Barthes, en pleine période de langue de bois idéologique contre laquelle il oppose des espaces de pensée, écrit : « Le travail intellectuel devrait porter sur la sexualité seconde et en particulier sur la sexualité du langage[1] ». Voilà de quoi justifier les rencontres organisées par Nenad Ivić et Maja Vukušić Zorica à Zagreb en juin-juillet 2015 à Zagreb sous le titre « Création, émotion, jouissance ».

Mais tout Barthes, à l'évidence, offre un matériau inépuisable pour alimenter et justifier une telle trinité dont les décalages, les interstices, les points de contact font rêver tout écrivain, tout penseur. Comme peut nous faire rêver cet espace que Barthes désigne à notre jouissance, « la sexualité du langage »…, et plus encore si l'on lit en écho cette seconde citation proposée par Dominique Rabaté « La jouissance ce n'est pas ce qui répond au désir (le satisfait) mais ce qui le surprend, l'excède, le déroute, le dérive[2] ».

Création, émotion, jouissance d'une certaine manière circonscrivent un espace singulier, celui où la jouissance demeure, où la jouissance demeure jouissance, au-delà de la satisfaction, dans ce temps suspendu et utopique qui n'est ni l'éternité, ni l'immortalité – catégories leurrantes et illusoires – mais qui est le temps du retour, de ce qu'à l'époque Jacques Derrida appelle la « différance » : surprise, excès, déroute, dérive. C'est pourquoi aussi, Dominique Rabaté a raison de dater cette utopie, ce moment d'aspiration singulier, celui des années 1970, et d'y lire par endroits les cicatrices du temps.

1 Roland Barthes, *OC IV*, *op. cit.*, p. 202.
2 Roland Barthes, *Le Plaisir du texte*, dans *Id.*, p. 688-689.

La question de la jouissance telle qu'elle se réverbère dans l'œuvre de Barthes ne relève pas d'une théologie, d'une gnose, d'une métaphysique ; elle est liée à une histoire, l'histoire du corps, d'un corps qui, cependant, cherchant le retour des émotions, guettant dans la jouissance une dérive, un au-delà du donné sensoriel, ne se limite pas à des souvenirs d'égotisme, et trouve précisément dans ce chemin fuyant et elliptique toutes sortes de voies de traverse que nous sommes invités à emprunter puisque nous y retrouvons souvent les traces de nos propres pas.

Cette dimension historique, ce matérialisme ouvert de la jouissance, s'atteste à tous les carrefours de l'œuvre, dans des relais étranges, où ce qui fait pivot nous fait opérer des sauts en apparence improbables comme le met en évidence le grand « complexe » du Neutre, tout à la fois au cœur même de la jouissance comme excès et de que ce Laura Marin repère d'essentiel dans sa lecture précieuse d'une citation de Pier Paolo Pasolini, citation récurrente tout au long d'un cours au Collège de France, de 1977-1978 sur le Neutre précisément, citation dont elle retient la formule centrale qui désigne, selon elle, l'activité (acte et affect) du Neutre : « une vitalité désespérée ».

La « vitalité désespérée » n'est pas l'envers de la jouissance, ni sa défaillance, ni le renoncement. Elle occupe le même espace, et vitalité et jouissance se superposent car elles sont toutes deux dans une position identique d'ouverture : « dans le vouloir-vivre, mais hors du vouloir-saisir[3] ». Qu'importe que le corps alors soit un corps détérioré, – le bégaiement de Pasolini, le manque de l'optalidon, du médicament, le gosse malade[4], – quelque chose d'une puissance s'affirme sous la forme de « résistances ultimes » où le pathologique se défait de sa négativité, de la dépréciation qu'il véhicule, pour s'identifier à une « patho-logie », à un discours des émotions, cette vie sensible du corps malade, de la vertu « réorganisatrice » du repos vital.

Y compris alors peut-être celui du mort, comme l'analyse du *Journal de deuil*, proposée par Maïté Snauwaert, nous y conduit à sa manière, pour autant que le mort ouvre le vivant à l'habitation d'un Refuge, espace pathétique lui aussi, frappes du deuil, fragments, juxtaposition interminable

---

3 Roland Barthes, *Le Neutre* (1977-1978), Paris, Seuil/Imec, « Traces écrites », 2002, p. 106.

4 « – Mon Dieu, mais alors qu'est-ce que vous avez à votre actif ? / – Moi ? (Un bégaiement informe, je n'ai pas pris mon optalidon, voix tremblante de gosse malade.) Moi ? Une vitalité désespérée. »

d'*incipit*, moments de vérité, susceptibles de conduire une théorie – au sens second, de « procession », de cortège ou de cohorte – des émotions.

Le « sans objet » du désir, que Maja Vukušić Zorica met au jour renvoie bien à un principe vital « sans objectif, de l'infini qu'on ne peut jamais ramener à soi ». Et c'est alors le nom de Sade qui, soustrait à celui de Pasolini, plie, c'est-à-dire déplie, sous la forme d'une fantasmagorie particulièrement inventive, l'espace langagier de la jouissance : objets, citations, biographèmes, éventails, roses, qu'une formule recueille : « *So much for pathos…* » « Ça », cible essentielle où s'expose un « savoir inaliénable et inatteignable du corps *figural* d'autrui ».

Là est la littérature, la création, comme le montre avec bonheur Alexandre Gefen dans un décryptage des « dix raisons d'écrire », où s'accentue le paradoxe fondamental d'une violence faite à la littérature qu'accompagne en contrepoint l'éloge de la parole littéraire dont les dernières leçons de *La Préparation roman* donnent toute la mesure testimoniale. Y compris dans cette dimension concessive centrale que Gefen met au jour dans sa conclusion, où la littérature « devient à la fois une nécessité vitale et une impossibilité » : c'est-à-dire peut-être à nouveau, comme l'a souligné Laura Marin, une forme de « vitalité désespérée ».

Pensée concessive, peut-être jamais mieux exprimée que dans ce propos que Nenad Ivić cite et analyse : « Quand on écrit on dispense des germes. » La phrase provient d'un entretien publié de manière posthume en avril 1980 et intitulé « La crise du désir ». Perte et éclosion, commente Nenad Ivić, prises dans ce mouvement là encore vital où l'écriture apparaît comme une manière de lutter contre la mort, l'abolissement général. Mais la précision qu'ajoute Barthes est évidemment essentielle : « Ce n'est pas du tout la croyance qu'on sera éternel comme écrivain après la mort, ce n'est pas ce problème-là. Mais, malgré tout, quand on écrit, on dispense des germes, on peut estimer qu'on dispense une sorte de semence et que, par conséquent, on est remis dans la circulation générale des semences[5] ». Là encore, nous nous situons loin de toute théologie, au plus près d'une économie dont les flux, la monnaie, les échanges, les valeurs engagent mort et vie comme deux excès fascinants qui nous gouvernent, que l'écriture et la lecture, « l'écrilecture », selon l'heureuse

5 Roland Barthes, *OC V*, *op. cit.*, p. 945.

formule proposée par Tomislav Briek, peuvent, sinon mesurer, du moins sont peut-être en mesure d'associer et par là de nous rendre sensibles.

C'est que mort et vie forment un mixte en intrusion l'un dans l'autre, indémêlables sans doute au point de trouver dans l'expression pure la jouissance – la musique –, l'espace extatique par excellence un idéal formel que Frédéric Sounac décrit de manière précise en tant qu'il postule une « physis » particulière « à la fois très contrôlée et capable d'abandon, touchant aux extrêmes de la concentration et de la réceptivité »… Il a raison de mettre en exergue ce très beau passage de *Soirées de Paris* qui se conclut par le renoncement au corps du jeune homme, ou plutôt d'un jeune homme :

> J'ai joué un peu de piano pour O., à sa demande, sachant dès lors que j'avais renoncé à lui ; il avait ses très beaux yeux, et sa figure douce, adoucie par ses longs cheveux : un être délicat mais inaccessible et énigmatique, à la fois doux et distant. Puis je l'ai renvoyé, disant que j'avais à travailler, sachant que c'était fini, et qu'au-delà de lui quelque chose était fini : l'amour d'*un* garçon[6].

Le piano, ici, est l'espace d'une connaissance orphique. Descendant dans l'espace des notes, il avertit celui qui a entamé, par les touches noires et blanches, une étrange *katabase*, qu'il vient en fait, par le geste même de jouer, de renoncer à ce corps qui se montre encore (yeux, figure, longs cheveux) mais dans un lointain désormais définitivement agrandi par la musique. Ne sommes-nous pas là, totalement dans la *discretio* absolue du signe ? Cette *discretio* qu'Alexandru Matei signale en ouverture de son texte consacré à un Barthes vu par Alexandru Lupescu, lors de son séjour en Roumanie (1947-1948), et que les notes de son ami d'alors, Petre Sirin, dévoilent.

Mais cette discrétion du signe – dont le piano est l'instrument – cet opérateur qui réduit toute emphase, peut être partout, pourvu que le corps se mette en état de le recevoir ou de le transmettre. « Y aurait-il, au cinéma même une jouissance possible de la discrétion[7] ? » En interrogeant au bon endroit du texte barthésien le lieu possible d'une épiphanie, Codruța Morari dévoile un autre lieu d'hypnose, et donc

6 Roland Barthes, *Incidents*, Paris, Seuil, 1987, p. 116 / « Soirées de Paris », dans *OC V*, *op. cit.*, p. 993.

7 Roland Barthes, « En sortant du cinéma », *OC IV*, *op. cit.*, p. 779.

un autre lieu orphique, où le travail de résistance à l'idéologie, aux effets massifs des images, à la grégarité d'une fausse collectivité, est la médiation inattendue.

La chambre est toujours à moitié claire écrit Thomas Clerc, magnifique leçon de contre lecture du livre ultime de Barthes. Cette lecture est précieuse car elle désinscrit de manière particulièrement nette le livre de l'emphase métaphysique dans laquelle trop de lecteurs l'ont lourdement enfermé.

Il montre tout l'importance de la première partie du texte, qui précède la palinodie et que la palinodie ne contredit ni n'efface. La photo s'ouvre alors à la vitalité de l'image, vitalité que trame la légende, qu'ouvre le hors-champ, que dévoilent les jeux du studium et du punctum vers la narrativité, vers l'écriture, sans quoi il n'y aurait pas de livre, pas de *Chambre claire*, pas cette impureté de la jouissance où les images de Mapplethorpe viennent ponctuer de leur génie propre le livre à l'invisible image comme sa réfutation.

Éric MARTY
Université Paris Diderot

PREMIÈRE PARTIE

ENTRE-DEUX

QUE RESTE-T-IL DU *PLAISIR DU TEXTE* ?

Pour Éric Marty.

En cette année de centenaire de la naissance de Roland Barthes, se pose évidemment la question de l'héritage qu'il laisse, du legs de sa pensée, de ce qui fait œuvre en elle. On peut noter que depuis sa mort l'engouement pour ses livres ne s'est pas démenti. Et aussi que s'est opérée grâce au travail éditorial mené notamment par Éric Marty une transformation du statut de ses textes, passés précisément dans la catégorie des « œuvres complètes ». Nous disposons donc d'éditions savantes, de publications d'inédits, de séminaires, de correspondances. Ce phénomène de consécration posthume invite à se demander ce que nous gardons donc de lui, à quoi il nous sert aujourd'hui, à quoi il continue de nous inviter et de nous inciter.

Cette question collective de savoir quels usages de Barthes nous faisons, il me semble qu'elle se décline aussi comme une interrogation plus personnelle, qu'elle se pose plus subjectivement, en imitant le geste de Barthes quand il emprunte à Nietzsche la nécessité de se demander ce qu'est un texte « pour moi ». Dans *Le Plaisir du texte*, il remarque en effet qu'il en va d'une appréciation qui déborde le « palmarès » ou le jugement de goût, en concernant plus directement une adéquation ressentie à ce que fait le texte, et qui s'exprime sur le mode du : « *C'est ça pour moi* ». Il ajoute de façon assez retorse que ce « pour-moi » n'est « ni subjectif, ni existentiel, mais nietzschéen[1] ». On pourrait lire cet énoncé comme une sorte de déni car que voudrait dire un « pour-moi » qui ne soit pas subjectif ? Mais ce que cherche Barthes, dans ce passage comme dans

1 Page 24 du *Plaisir du texte* que je cite volontairement dans son édition originale (Paris, Seuil, « Tel Quel », 1973) / Roland Barthes, *Le Plaisir du texte*, dans *OC IV*, *op. cit.*, p. 226.

tout ce livre, c'est bien la reconnaissance d'une affirmation qui vient d'autrui et à laquelle on souscrit, en échappant au jugement de valeur. Dans le « c'est ça ! » qui sanctionne cet accord, il en va de l'acceptation immédiate d'une force dont je reçois l'impulsion ou la frappe.

C'est donc à la croisée de ces deux plans, le premier d'ordre collectif et le second délibérément plus personnel, que je voudrais proposer de relire aujourd'hui *Le Plaisir du texte*. Relire, c'est justement inscrire le commentaire dans un aller-retour temporel, entre le souvenir de la première lecture, des lectures précédentes et l'effet de celle qui est la plus récente. C'est réfléchir à l'étagement de ces réceptions générationnelles et individuelles. C'est découvrir ce qui tombe d'une lecture à l'autre, ce qui s'était oublié, ce qui marche encore ou non. C'est faire retour sur une séduction originelle, ou un sentiment d'irritation, en cherchant peut-être à fonder ce qui avait provoqué cette première impression. Il s'agit donc toujours quand on relit (et c'est là pour moi le geste fondamental de le lecture universitaire) de vérifier une coïncidence, ou de faire jouer une non-coïncidence. Ce n'est donc pas une mise à l'épreuve que je me propose, car cette lecture en 2015 sera sans doute aussi datée que les autres (datée *pour moi* et par l'époque où nous sommes). Je voudrais plus simplement voir ce qui reste de ce livre, ce qu'il peut continuer de signifier pour nous maintenant.

LA VALEUR TACTIQUE

Publié en 1973, *Le Plaisir du texte* est devenu curieusement une sorte de classique, un réservoir de possibles sujets de dissertation pour classes préparatoires et concours du CAPES. Sa forme fragmentaire ou aphoristique favorise sans doute le geste d'extraction et de citation, même si tout le dispositif de Barthes complique pourtant ce maniement en formules affirmatives. Car *Le Plaisir du texte* ne fonctionne pas comme un recueil de pensées de Paul Valéry, et c'est peut-être même le livre le moins fait pour autoriser l'exercice de la dissertation.

Cette fortune scolaire signale peut-être une ambiguïté du livre, le mélange particulier de ce qui ressortit à la théorie littéraire et de ce qui déjoue toute théorisation affirmative, en produisant un glissement de la structure vers la lecture. Barthes introduit au cœur des années militantes un principe de plaisir qui résonne mal avec le dogmatisme puritain de l'époque. Il propose ainsi, de façon voilée, un déplacement audacieux. *Le Plaisir du texte* n'est pas un livre de méthode au sens où *S/Z* l'est encore en 1970, et peut-être pour la dernière fois dans le parcours de Barthes. Il marque l'ouverture d'une recherche d'un type nouveau, où il ne s'agit plus du « savoir du texte » comme le dit la quatrième de couverture, mais de la question nouvelle, aux accents très années 1970 : « que jouissons-nous du texte ? ». Il en va donc d'un congé volontaire au moment « scientifique » ou sémiologique de la décennie 1960, qui éloigne du « puritanisme de l'analyse idéologique » (quatrième de couverture toujours). Barthes ne fait pas retour à l'œuvre (notion qui a été la cible des attaques de *Tel Quel*), mais il décale la textualité du texte vers ses effets. La question qui donne au livre de 1973 sa singularité est bien posée pour « une raison tactique », si je continue de décliner le programme très ramassé que condense la quatrième de couverture.

C'est ce remarquable sens tactique que je voudrais souligner. À la suite de la parution de *Sade, Fourrier, Loyola*, dans un entretien avec Jean Ristat aux barres très *vintage* : « Plaisir/Écriture/Lecture », le 6 février 1972, Barthes affirme déjà : « Entreprendre une réflexion théorique sur le plaisir du texte a une valeur tactique[2] ». Car cela consiste à travailler sur « une sexualité seconde », une « sexualité du langage ». On voit comment Barthes garde des éléments du discours d'avant-garde, dont il revendique toujours l'horizon subversif, tout en commençant à en faire glisser certains termes. Cette valeur tactique, elle est donc d'abord collective, et elle peut encore se formuler comme un véritable programme. Mais ce but se subordonne subtilement à une position nettement plus singulière, en inaugurant une nouvelle phase d'écriture pour Roland Barthes.

Dans *Roland Barthes par Roland Barthes*, à l'article « Phases », on trouve le tableau des cinq périodes que l'écrivain distingue, selon l'intertexte mobilisé, le genre d'écriture et les œuvres produites[3]. *Le Plaisir du texte* inaugure le dernier moment de la « moralité », sous le signe de Nietzsche,

---

2 « Plaisir/Écriture/Lecture », dans Roland Barthes, *OC IV*, *op. cit.*, p. 202.

3 Roland Barthes, *Roland Barthes par Roland Barthes*, Paris, Seuil, « Écrivains de toujours », 1975, p. 148 / *OC IV*, *op. cit.*, p. 718-719.

ouvrant à la forme du fragment. Dans le commentaire de ce tableau, Barthes reconnaît lui-même la valeur « réactive » de chaque phase qui entre ainsi en polémique interne au développement de la pensée. C'est la même notation qui est déjà sur une des fiches du « Fichier vert » dont Tiphaine Samoyault donne cet extrait[4] :

> *Le Plaisir du texte.* Livre *réactif.* Chaque fragment est une attitude par rapport à l'autre : ne pas s'excuser, répondre à ceux qui vous accusent de vous contredire etc.
> Le Plaisir du texte est plein d'interlocuteurs inavoués – mais qui passent fugitivement au détour d'une phrase. Amis-opposants : Lévi-Strauss, Greimas, Todorov, Goldmann etc.

L'idée du « livre réactif » est donc essentielle car elle justifie (sans même le besoin de justification) la mobilité revendiquée du sujet de l'écriture. Le fragment permet ce déplacement permanent, cette non-coïncidence à soi. D'autre part, dans cette fiche, Barthes reconnaît que la polémique interne se joue dans un espace dialogique occulté. Il s'éloigne définitivement des normes académiques, en n'éprouvant plus le besoin de déplier l'arrière-plan, d'identifier ses contradicteurs ou ses interlocuteurs secrets. La mise au secret des débats qui nourrissent la pensée ne doit pourtant pas cacher la valeur polémique de bien des fragments du *Plaisir du texte*, mais là encore avec un sens tactique remarquable puisque la dispute entre des thèses ou des positions se trouve neutralisé. Il me semble cependant que le livre de 1973 ne peut s'entendre vraiment que si l'on ranime en parties ces conflits estompés. Si on lui rend sa force de provocation d'époque.

CE QUI DATE LE LIVRE

Car le geste de relecture permet aussi de mesurer ce qui tient à l'époque de sa parution. Cela concerne évidemment toute œuvre littéraire ou philosophique, dont la temporalité tient à ce jeu complexe entre ce qui échappe au temps et ce qui s'y engramme. Le charme du *Plaisir du*

4 Tiphaine Samoyault, *Roland Barthes*, Paris, Seuil, « Fiction et Cie », 2015, p. 581.

texte tient à cet effet d'époque qui y est contenu. Pour le dire autrement, il faut aussi souligner tout ce qui appartient à une rhétorique marquée, à un climat propre au début des années 1970, et qui peut nous paraître maintenant lointain, dépassé ou touchant par cela même.

Cet ancrage dans les discussions théoriques du temps se manifeste par certains passages obligés qui ont ainsi plus mal vieilli que d'autres. L'arrière-plan implicite de certains termes renvoie à Lacan[5], à Bataille (revisité par *Tel Quel*, et mis en avant pour tout ce qui touche au rire). Il est parfois plus diffus. J'isole par exemple ce passage :

> À peine a-t-on dit un mot, quelque part, du plaisir du texte, que deux gendarmes sont prêts à vous tomber dessus : le gendarme politique et le gendarme psychanalytique : futilité et/ou culpabilité, le plaisir est ou oisif ou vain, c'est une idée de classe ou une illusion[6].

On voit combien le poids de ces deux gendarmes a faibli, et combien la défense est nécessaire dans ces années-là. Contre ces idées reçues, Barthes mobilise une rhétorique complexe où le plaisir doit s'entendre comme un en-deçà du désir, une façon de déjouer aussi bien la jouissance. Dans le cadre de cette discussion voilée, il est très étonnant que Barthes ne mentionne jamais Deleuze et Guattari dont *L'Anti-Œdipe* a fait grand bruit l'année précédente. La charge anti-psychanalyse qui y est menée aurait pu être reprise à son compte par Barthes, mais rien n'explicite ce front potentiellement commun. Et l'auteur du *Plaisir du texte* semble, au contraire, renvoyer dans le même camp tous ceux qui valorisent philosophiquement le désir contre la vieille notion de « plaisir ». Car c'est bien ce mot usé et désuet que Barthes maintient, en le décalant, pour le remettre en circulation.

Une partie de la langue théorique de ce livre est ainsi marquée par les usages des années 1970. Je dois avouer que si j'utilise ici l'édition originale de 1973, c'est aussi parce que je la lis avec les annotations qu'y avait faites mon père sur le moment, annotations souvent agacées et qui prennent de la distance avec les propositions de Barthes, à coups de points d'interrogations plus ou moins rageurs. Mais je retrouve ainsi l'écho d'une lecture plus engagée et virulente que celles que nous faisons

---

5 Pour la notion de « jouissance », cité dans Roland Barthes, *Le Plaisir du texte*, *op. cit.*, p. 36 / *OC IV*, *op. cit.*, p. 231.

6 Roland Barthes, *Le Plaisir du texte*, *op. cit.*, p. 91 / OC *IV*, *op. cit.*, p. 254.

maintenant, comme si nous lisions aujourd'hui une sorte de classique plus qu'un livre provocateur et contestable.

Dans le début de l'essai, toute la strate insistante sur la folie me semble aussi relever d'une forme de *doxa* théorique du temps, inspirée de Foucault comme de l'anti-psychiatrie. On lit ainsi page 13 : « Tout écrivain dira donc : fou ne puis, sain ne daigne, névrosé je suis[7] ». Cette affirmation me laisse un peu rêveur : elle cherche la formule, mais témoigne plutôt de clichés d'époque. D'autres passages lient de façon un peu mécanique le plaisir à une dimension forcément subversive (selon une terminologie bien datée). Si le fragment sur l'érotique de la lecture, souvent cité, reste brillant, il semble devoir sacrifier à la rhétorique convenue de la transgression. Toujours dans le même air du temps, Barthes doit rappeler le dogme encore en cours de la « mort de l'auteur » (auquel on sait qu'il a beaucoup contribué). Mais là encore l'opération qu'il accomplit est plus complexe et nuancée. Car s'il maintient la séparation entre le texte et l'auteur, Barthes ajoute aussitôt du côté de l'effet de lecture : « *je désire l'auteur*[8] », en mettant lui-même l'expression en italiques comme pour mieux en souligner le paradoxe.

La marge de manœuvre reste ainsi subtile entre les rappels notionnels au cadre tel-quelien (comme le montre l'utilisation rapide et elliptique du mot de « signifiance » repris à Kristeva[9]), le nécessaire rappel du « pluriel » du texte[10], ou les effets d'injonction politique à la « révolution », une révolution qui faut qualifier de « *radicale, inouïe, imprévisible*[11] ». Pour ajouter immédiatement que comme Moïse devant la Terre Promise, Barthes restera aux portes de cet horizon. Mais tout ce vocabulaire est pris dans une écriture rapide ; il est emporté dans la mobilité tactique du fragment dans les renversements et les contradictions revendiquées des positions changeantes. Ce que la langue du temps affirme comme *doxa* est déporté par l'énonciation en première personne qui postule une plus grande liberté devant les dogmes : une énonciation qui doit ruser avec elle-même, mettre en avant un Je dont la subjectivité doit être réduite.

---

7 Roland Barthes, *Le Plaisir du texte*, *op. cit.*, p. 13 / *OC IV*, p. 221.
8 *Id.*, p. 46 / p. 235.
9 *Id.*, p. 49 / p. 236.
10 *Id.*, p. 52 / p. 237.
11 *Id.*, p. 63 / p. 242.

LA RÉUSSITE D'UN TITRE

Je dois avouer un léger agacement devant certains passages du *Plaisir du texte.* Et je le revendique *pour moi*, sans savoir s'il joue aussi pour nous. Ce livre n'exerce pas sur moi la même séduction continue que le *Roland Barthes* ou *La Chambre claire*, ou que les derniers cours au Collège de France. Et c'est sans doute ce dernier Barthes qui nous semble le plus durable dans l'extrême liberté des objets qu'il sait choisir, dans l'invention de nouvelles perspectives. L'agacement dont je cherche à témoigner (que je voudrais m'expliquer à moi-même) est causé par une ambivalence qui continue en même temps à me fasciner dans *Le Plaisir du texte* : c'est celle qui tient à l'indétermination même de son objet central, de sa notion titulaire. La force paradoxale du livre tient à l'instabilité de son titre, à l'incertitude du sens qu'il renferme. Comme si tout le livre essayait de caractériser ce qui le fuit tout autant. Car qu'est-ce que ce « plaisir du texte » ? Comment comprendre le potentiel étrange de ce génitif qui peut être double : plaisir que donne le texte au lecteur, plaisir qui serait celui du texte même ?

Lire l'essai de 1973, c'est donc s'engager – à rebours de tout idéal dissertationnel – dans le chemin de cette non-définition. Je commence par un commentaire à la marge. Dans un article daté de mai-juin 1973 pour *Art Press*, intitulé « Supplément », on lit les lignes suivantes :

> Plaisir / Jouissance. Dans *Le Plaisir du texte*, l'opposition du plaisir et de la jouissance est un peu une attrape ; on propose une sorte de gadget didactique, on offre amicalement une matière superficielle à résumer, à rapporter […]. […] l'opposition ne devient fausse que si on lui demande des comptes, si on exige d'elle un pouvoir de répartition, un principe de jugement ; elle n'est vraie que dans certaines limites […] elle n'existe que par son effacement progressif […][12].

On voit que le livre repose donc sur une fausse dichotomie. Et le projet profondément paradoxal de l'essai est de ne pas stabiliser cette opposition. C'est ce que rappelle le deuxième fragment, mis stratégiquement tout entier entre parenthèses. Je le rappelle ici :

> (*Plaisir / Jouissance* : terminologiquement, cela vacille encore, j'achoppe, j'embrouille. De toute manière, il y aura toujours une marge d'indécision ;

12 « Supplément », dans Roland Barthes, *OC IV*, *op. cit.*, p. 335.

la distinction ne sera pas source de classements sûrs, le paradigme grincera, le sens sera précaire, révocable, réversible, le discours sera incomplet[13].)

Cette sorte de mise en garde à l'entrée du livre est remarquable, car elle argumente contre l'éclaircissement théorique. Barthes programme le vacillement des notions, dont il fait même l'enjeu de son texte. Entre la puissance d'un neutre qui défait l'opposition (« cela vacille ») et la part subjective de cette façon de s'embrouiller, ce qui pouvait passer pour une faiblesse théorique devient une nouvelle machine de guerre rhétorique et anti-rhétorique.

À la page 25[14], il met plus nettement en place l'opposition, devenue célèbre, entre « texte de plaisir » et « texte de jouissance », en distinguant une pratique confortable de lecture qui n'a rien à voir avec un état de perte qui déconforte, même si ce partage s'éprouve chez le même lecteur qui peut ainsi occuper les deux positions selon ce qu'il lit. Mais la distinction reste flottante. On peut y voir l'une des premières formulations à ce qui deviendra l'opposition entre *studium* et *punctum* dans *La Chambre claire*, puisque se dit la différence entre le plaisir culturel, causé par la reconnaissance des codes, et ce qui fait brèche ou trouée dans la relation esthétique arrachée à toute forme de confort.

J'ai rappelé que certains passages du *Plaisir du texte* étaient devenus des sujets de dissertation. Mais c'est au prix d'une simplification du mouvement de renversement, de complication permanente du livre ; c'est contre tous ces grincements volontaires. Car même dans ce moment plus thétique où Barthes pose l'antagonisme des deux textes, de plaisir et de jouissance, il ajoute qu'il est personnellement ce « sujet anachronique » qui « tient les deux textes dans son champ », un « sujet deux fois clivé, deux fois pervers[15] ». Et la prime subversive que l'on aurait pu donner à la jouissance contre le plaisir bourgeois se trouve déstabilisée, s'il faut comprendre aussi le « texte de plaisir » comme un opérateur de clivage et de perversité (selon un valorisation du terme qui est encore un signe d'époque)…

Là où l'on pouvait donc attendre une défense de l'illisible (que les références positives à Sollers et Severo Sarduy soutiennent elliptiquement),

13 Roland Barthes, *Plaisir du texte*, *op. cit.*, p. 10 / *OC IV*, *op. cit.*, p. 219.
14 *Id.*, p. 25 / p. 226.
15 *Id.*, p. 26 / p. 226.

à une revendication de la Jouissance (écrite avec majuscule) du signifiant contre le triste Signifié, la stratégie de Barthes est plus duplice ou plus rusée. Dans cet essai, la ligne fragmentaire obéit à un double jeu constant. Ce jeu est d'ailleurs thématisé explicitement à la page 33[16] puisque les expressions doivent rester « ambiguës » et que Barthes se sert de l'indécision sémantique du mot même de « plaisir ». À d'autres moments, l'attaque se fait plus directement polémique, et c'est contre l'hégémonie phallique de la jouissance que va la charge. Le plaisir – et c'est sa vertu – échappe au « type triomphant, héroïque, musclé[17] » ; il peut aller dans le sens d'une dérive, vers la déprise subjective, le flottement. Forme anticipatrice de ce qui deviendra ailleurs le *fading*.

L'une des affirmations les plus fortes et les plus feutrées de Barthes est ainsi de s'opposer à « cette idée bizarre que le plaisir est chose *simple*[18] ». Sa revendication du mot le met à mille lieues de tout retour à un hédonisme béat, puisque rien ne vient jamais simplifier la dichotomie entre plaisir et jouissance. Le fragment à la page 35[19] met au contraire en avant leur progression parallèle, leurs nuances de degrés. Comme toujours chez Barthes, il s'agit donc de dénaturaliser la conception spontanée que l'on pourrait se faire du plaisir. Refuser l'impérialisme d'une image trop volontiers phallique de la jouissance contre d'autres modes d'évanouissement plus discret du sujet[20].

Car la visée de Barthes dans *Le Plaisir du texte* est du côté d'un impossible troisième terme, d'une forme de pouvoir neutre (ou neutralisant) qui se tient au défaut des oppositions binaires. Comme le remarque justement Éric Marty dans sa Présentation au quatrième volume des Œuvres complètes, le plaisir est décrit dans le mouvement inattendu d'une « époché[21] », qui en fait l'agent d'une neutralisation plus subversive sans doute que la transgression. Ce passage, présenté comme un « additif au *Plaisir du texte* » dans le *Roland Barthes* le dit aussi, en ces termes : « La jouissance ce n'est pas ce qui *répond* au désir (le satisfait) mais ce qui le surprend, l'excède, le déroute, le dérive[22] ». Plaisir ou jouissance,

16 *Id.*, p. 33 / p. 229.
17 *Id.*, p. 32 / p. 229.
18 *Id.*, p. 39 / p. 232.
19 *Id.*, p. 35 / p. 230.
20 *Id.*, p. 42 / p. 233.
21 Roland Barthes, *OC IV*, *op. cit.*, p. 11.
22 Roland Barthes, *Roland Barthes par Roland Barthes*, *op. cit.*, p. 116 / *OC IV*, p. 688-689.

finalement peu importe, puisque c'est le même mouvement de déprise qui est stratégiquement recherché. Mais à la fin de l'essai, le titre du livre demeure aussi opaque qu'au début.

SITUATION

Arme de guerre feutrée, bien moins déclarée que celle que lancent Deleuze et Guattari avec *L'Anti-Œdipe*, la notion de plaisir doit garder quelque chose de flou, de mobile, dans la mesure où elle reste bien attachée au texte. Ce « plaisir du texte », il semble alors qu'il faille l'entendre à cheval entre celui qu'y prend le lecteur, et Barthes se met en scène ainsi, et celui qui tient à l'écrivain. Quittant le terrain de la « textualité » pour celui de la « moralité », le livre de 1973 semble marquer ce passage par son titre. Il ménage le déplacement vers une position de quasi-écrivain, vers une énonciation qui doit se risquer à la première personne, énonciation personnelle qui se garde autant qu'elle peut de son régime subjectif.

Car le « plaisir » ne doit pas devenir un nouveau mot d'ordre. Barthes voit cette notion désuète prise entre deux écueils qu'il décrit ainsi :

> D'où la configuration actuelle des forces : d'un côté un aplatissement de masse (lié à la répétition du langage) – aplatissement hors-jouissance, mais non forcément hors-plaisir –, et de l'autre un emportement (marginal, excentrique) vers le Nouveau – emportement éperdu qui pourra aller jusqu'à la destruction du discours : tentative pour faire ressurgir historiquement la jouissance sous le stéréotype[23].

On peut ici reconnaître Paulhan dans l'intertexte implicite de ce combat contre le stéréotype, guerre des Terroristes contre les partisans de la Rhétorique selon l'opposition développée dans *Les Fleurs de Tarbes*. La jouissance reste donc une exception, un mouvement d'excès (fidèle au sillage tracé par Bataille, du côté de Sollers). Mais Barthes souscrit ici sans réserve à l'idée d'une aliénation collective, d'un aplatissement de « masse ». C'est cette analyse schématique qu'il reprend à la page 75 quand il souligne « l'aliénation politique[24] ». Il faut donc dénoncer « la forclusion du plaisir (et plus encore de la jouissance) dans une société travaillée par deux morales : l'une, majoritaire, de la platitude, l'autre,

---

23 Roland Barthes, *Le Plaisir du texte*, *op. cit.*, p. 66 / *OC IV*, p. 244.
24 Roland Barthes, *Le Plaisir du texte*, *op. cit.*, p. 75 / *OC IV*, p. 248.

groupusculaire, de la rigueur (politique et/ou scientifique) ». Il ajoute en fin de fragment : « On dirait que l'idée de plaisir ne flatte plus personne. Notre société paraît à la fois rassise et violente ; de toute manière : frigide ».

Dans un passage marqué par le vocabulaire du temps (l'adjectif « groupusculaire », l'inimitable « et/ou » des années 1970), avec un ton volontiers nietzschéen, Barthes insiste sur l'anachronisme du plaisir, sur la qualité intempestive de cette valeur qui renverse les valeurs admises. Mais la question, pour nous aujourd'hui, est dans la transformation évidente de cette description de la société. Pour le dire autrement, la « configuration actuelle » a bien changé, et il semble au contraire aujourd'hui que l'hédonisme soit le mot d'ordre d'une société du plaisir. Le « Jouissez sans entrave » de Mai 68 paraît le slogan publicitaire et existentiel de notre temps, pour une consommation effrénée et la satisfaction immédiate de toutes les pulsions partielles.

Faut-il dire alors que *Le Plaisir du texte* anticipe ce temps à venir ? Et que le côté daté du livre viendrait de ce qu'il est finalement un peu en avance sur son époque ? Barthes semble annoncer, accompagner et autoriser la sortie des années de militantisme puritain, l'accent mis sur l'individualité et la recherche de solutions privées. Cette « forclusion du plaisir » que stigmatise Barthes semble avoir fait place à un effondrement ou à un affaiblissement de la Loi, dont Charles Melman rend par exemple compte dans *L'Homme sans gravité*, livre dont le sous-titre est « Jouir à tout prix[25] ». L'essai de 1973 préfigure ce changement de paradigme, et l'évanouissement concomitant du schème de la subversion ou de la transgression, qui avait dominé les années 1960. Mais sans renoncer à penser une sorte d'oscillation duelle qui maintient les termes binaires pour dépasser leur opposition, pour neutraliser leur différence.

Le cadre politique daté du *Plaisir du texte* n'invalide donc pas le mouvement de l'essai. Car la définition incertaine du plaisir est moins du côté de l'affirmation d'un hédonisme individuel que comme une qualité incertaine à l'intersection du personnel et de l'impersonnel. Dans cet espace de déstabilisation, la littérature joue un rôle toujours stratégique, parce qu'elle apparaît justement moins comme l'affirmation forte d'une subversion que comme une expérience non-contrainte du

25 Charles Melman, *L'Homme sans gravité. Jouir à tout prix*, Paris, Gallimard, Folio Essais, 2005.

vacillement identitaire. Expérience peut-être moins asociale que ne le dit aujourd'hui Pascal Quignard, mais profondément solitaire que l'on pourrait traduire comme un mouvement sans fin de désidentification et de ré-identification provisoire.

Le charme du livre de 1973 tient donc, pour moi, dans cette sorte de retrait et de relance d'une affirmation qui se contredit ou se corrige aussitôt. Cette puissance lui vient de son caractère fragmentaire, disposition qui facilite le jeu des citations et des aphorismes en passe de devenir des maximes pour discussion scolaire, mais qui devrait pourtant en compliquer le jeu. L'écriture fragmentaire, inspirée de Nietzsche, favorise l'élection pour chaque lecteur des passages préférés, des trouvailles que les uns ou les autres relèvent. J'avoue que si certains fragments me laissent indifférents, d'autres tombent juste et font formule comme celui où l'écrivain est décrit comme « Pense-Phrase[26] ».

La leçon que je voudrais garder de ce livre tient alors moins à ses thèses, discutables, réversibles, datées, rusées, qu'à une forme de courage sur lequel je voudrais terminer ce parcours de relecture. Roland Barthes s'y expose, non sans rouerie, mais il prend le risque d'une dissidence avec son temps, d'une énonciation moraliste qui le projette en avant. Comment qualifier ce risque ? C'est sans doute celui de s'affronter à la Bêtise, que nomme plus explicitement *Roland Barthes par Roland Barthes*. Le seul indice marginal de ce rapport voilé réside dans le magnifique exergue du *Plaisir du texte*, exergue qui reste lapidaire et énigmatique. Je rappelle cet extrait de Hobbes : « La seule passion de ma vie a été la peur ».

C'est donc en assumant sa propre bêtise, son désir d'affirmation, en perdant la protection du Sur-Moi académique et sémiologique, qu'il faut aller vers quelque chose de plus incertain, de contradictoire. C'est cette sorte de leçon seconde que je tire de ce livre, qui réveille une nostalgie de l'invention théorique et langagière qui s'y manifeste. Une nostalgie devant la liberté de ton de cet essai. Peut-être *Le Plaisir du texte* est-il le dernier livre « théorique » de Roland Barthes parce qu'il conduit son auteur au point où il devient presque un écrivain lui-même. Il se confond encore avec une manière de fiction du lecteur, qui lit en sautant, qui cherche dans le texte là où ça déborde.

26 Roland Barthes, *Le Plaisir du texte*, *op. cit.*, p. 81 / *OC IV*, p. 250.

C'est par ses imperfections, dans la labilité plus ou moins contrôlée de ses assertions, que *Le Plaisir du texte* invite justement à poursuivre ou à prolonger ce qui est moins une méthode ou une démonstration qu'une incitation à la recherche. Parce qu'il ne referme jamais son objet paradoxal, cet essai reste inimitable. Irritant parfois, séduisant, il rappelle qu'il ne faut jamais renoncer au plaisir de penser au plus près de sa propre façon de lire.

Dominique RABATÉ
Institut Universitaire de France,
Université Paris Diderot

JOUIR DE PENSER

Archéologie d'une métaphore

E pur io torno qui, qual linea al centro,
Qual foco a sfera e qual ruscello al mare,
E se ben luce alcuna non m'appare,
Ah' ! so ben io, che sta'l mio sol qui dentro.
Ritournelle d'amour d'Ottone. Claudio MONTEVERDI, *L'incoronazione di Poppea*, Acte Ier

Alain R.-G. – [...] au lieu de présenter un texte, comme un roman balzacien, tout rond autour de son noyau solide de sens et de vérité, le roman moderne ne fait que présenter des fragments qui, par-dessus le marché, décrivent toujours la même chose, et cette même chose n'étant presque rien. Mais le mouvement de la littérature est ce glissement d'une scène qui se répète sous une forme à peine détournée, à peine contournée, à peine retournée... je sens que tu n'es pas d'accord...

Roland B. – Si, mais le romancier moderne, s'est toi[1].

Moi, non plus, je ne suis pas un romancier. Et pourtant : je n'ai rien à dire mais je dois dire ce rien. Je conjure une fiction. Moi, vous ou quelqu'un d'autre, relit le *S/Z*. C'est un commentaire, une suite de fragments explicatifs, comme on le sait, suspendus au bout des phrases de *Sarrasine* de Balzac, à l'instar des ornements suspendus au bout des branches d'un arbre de Noël. Fiction de promesse d'une renaissance sur un arbre mort. Il y découpe, au gré de la lecture, un bout, une, comme dit Barthes, *lexie*. « La relecture, opération contraire aux habitudes

1 Alain Robbe-Grillet, *Pourquoi j'aime Barthes*, éd. Olivier Corpet, Christian Bourgois éditeur, Paris 2009, p. 32-33. Il s'agit de « la transcription de l'intervention d'Alain Robbe-Grillet, et de la discussion qui a suivi, avec Roland Barthes, lors de la décade de Cerisy sur Barthes en juin 1977 » : note de l'éditeur, p. 13.

commerciales et idéologiques de notre société qui recommande de "jeter" l'histoire une fois qu'elle a été consommée ("dévorée"), pour que l'on puisse alors passer à une autre histoire, acheter un autre livre, et qui n'est tolérée que chez certaines catégories marginales de lecteurs (les enfants, les vieillards et les professeurs), la relecture est ici proposée d'emblée, car elle seule sauve le texte de la répétition (ceux qui négligent de relire s'obligent à lire partout la même histoire), le multiple dans son divers et son pluriel[2]… ». Il s'y arrête et il y est arrêté, *arrestus*, il reste rêveur, immobile, il relit : sur ce bout de phrase, dans la promesse de son multiple et de son pluriel, « quelque chose germe sans fleurir, […] pousse dans les lèvres de celui qui épie dans le silence[3] ». C'est un « bout de la langue d'où va tomber, plus tard, le nom, la vérité[4] ». Lire la lecture, relire la relecture. Au bout, toujours provisoire, de la lecture d'un texte, il retrouve les lèvres et la langue, la fiction de « la bouche qui le profère, par où il se profère […] la bouche qu'il est, lui, le texte[5] ». Il retrouve le *soi-disant*, « un *soi* qui se dit, qui donc se rapporte à d'autres, et en même temps, selon le sens français de cette expression, un *soi* prétendu, factice ou fictif[6] ».

« Quand on écrit on dispense des germes[7] » : dans cette ouverture prétendue, entre, d'un côté, ce quelque chose, et de l'autre le nom et la vérité promise, une dispensation, la *dispensatio* de l'écriture. Si « la littérature est […] comme la religion[8] », les concepts théologiques travaillent la plupart des notions critiques, même les plus sécularisées : la *dispensatio* est, dans la théologie médiévale, de Grégoire le Grand jusqu'à Thomas d'Aquin, le concept qui caractérise le plan de dieu ou l'économie divine, la *dispensatio divina* : la fiction de l'écriture comme police, direction, administration, économie et plan, mais aussi comme répartition et don de la vie.

Au bout des relectures, multipliées à l'infini, le nouveau toujours déjà connu : la potentialité. Par-delà l'analogie des structures, la concordance

---

2 Roland Barthes, *S/Z*, Seuil, coll. Points, Paris, 1970, p. 22-23 / *OC III*, p. 130-131 ; *cf.* aussi *S/Z*, p. 171 / *OC III*, p. 257, sur le profit ludique de la relecture.

3 Pascal Quignard, *Le nom sur le bout de la langue*, Gallimard, coll. Folio, 2009, p. 13.

4 *S/Z*, *op. cit.*, p. 69 / *OC III*, p. 170.

5 Philippe Lacoue-Labarthe, Jean-Luc Nancy, *Scène. Suivi de Dialogue sur le dialogue*, Christian Bourgois Éditeur, coll. détroits, Paris, 2013, p. 37.

6 Federico Ferrari et Jean-Luc Nancy, *La fin des fins. Scène en deux actes*, Éditions nouvelles Cécile Défaut, Nantes, 2015. p. 49.

7 Roland Barthes, « La crise du désir », *OC V*, *op. cit.*, p. 945.

8 Roland Barthes, « Délibération », *OC V*, *op. cit.*, p. 676.

des projets, les similitudes de vies ou de modes d'écriture (ce « partout la même histoire ») entre le *S/Z* de Barthes et, par exemple, *Le nom sur le bout de la langue* de Quignard, tout juste une analogie, celle de la potentialité créée par la jointure de deux récits dans un même texte : celui de *Sarrasine* et celui de Barthes dans le *S/Z* ; celui du *Nom sur le bout de la langue* et du *Petit traité sur Méduse* dans *Le nom sur le bout de la langue* de Quignard. Dans ces livres dans le livre sur les livres, la nouvelle et la critique, le conte et le traité, le fasciné et la fascination « sont les doubles l'un de l'autre, placés dans un rapport de surimpression[9] ». Ce rapport de surimpression, cette articulation indique non pas l'avènement, mais la puissance de devenir de quelque chose qui, semblable à la musique, « ne vit que pour mourir », mourir comme référent et comme référence, « n'arrive qu'à partir », n'arrive comme déchiffrement qu'à partir comme chiffre[10]. « La large ceinture historiée[11] » à la fois confectionnée et impossible à confectionner pour Colbrune dans *Le nom sur le bout de la langue*, et le phrasé du texte-musique sur le bout de la langue du *S/Z*, sont les deux faces de la germination de ce « dont on n'a pas [comme de la fin ou du bout] une idée[12] ».

9 Roland Barthes, « Rapports entre fiction et critique selon Roger Laporte », *OC V*, *op. cit.*, p. 759.

10 Marie-Louise Mallet, *La musique en respect*, Galilée, Paris, 2002, p. 170 ; *cf.* Roland Barthes, « Masculin, féminin, neutre », *OC V*, p. 1031 : dans la lecture d'un texte, « le lecteur apprécie la *notation* comme chiffre obscur et comme chiffre clair » (je souligne). L'écriture et la lecture sont, pour Barthes, le substitut de la musique (texte-partition), ou, plutôt, une modalité de l'être-avec. *Cf.* Michel Serres, *Musique*, Éditions Le Pommier, Paris, 2011, p. 49 : « Le style sur la page sonne comme une partition manquée. [...] Productrice de personnages conceptuels, la philosophie me parut ensuite un autre substitut à la composition musicale. [...] Tâtonnant, j'écris des livres – qui peut se flatter de maîtriser deux arts ? – où la monosémie de la langue m'empêche, comme un obstacle, de dire largement ce que je cherche à dire. Je ne suis jamais qu'un musicien raté ».

11 « Colbrune travailla durant des jours. Elle veilla des nuits entières en s'efforçant de reproduire les motifs qui ornaient la ceinture. Mais les dessins étaient si enchevêtrés, les fils qui les nouaient si fins, les couleurs si variées, qu'elle n'arrivait pas à faire quelque chose d'aussi parfait » (Pascal Quignard, *Le nom sur le bout de la langue*, *op. cit.*, p. 23). Dans le conte, cette ceinture est à la fois menace de mort et gage d'amour. « Historié » : en latin *historiatus*, signifie peint, mais aussi racontant une histoire. Il recouvre partiellement les significations du grec ποικίλος (bigarré, couvert de peintures, variable, changeant, travaillé ou entrelacé avec un art subtil, obscur, difficile à comprendre), qui est, dans la *Vita nova*, un attribut du roman à écrire, emprunté au romantisme (Barthes, « Transcription de *Vita Nova* », *OC V*, *op. cit.*, p. 1015).

12 Ferrari et Nancy, *op. cit.*, p. 30.

Le *S/Z* est un livre « étrange[13] » ; cette étrangeté est inquiétante. C'est un texte obliquement autobiographique, une « *bio-graphie* (au sens étymologique du terme), une écriture sans référent, matière d'une connexion, non d'une filiation[14] ». C'est une écriture de la βιος, de la relecture, d'un mode de vie en tant qu'inclusion dans le monde, comme dirait Aristote (il l'oppose à la ζωὴ, la vie nue, le simple fait de vivre[15]). Cette écriture d'une existence (de celui qui pratique la relecture, un prétendu marginal, fictif et factice, isolé de la communauté, tout en y étant inclus du fait de cette même relecture) est présentée comme la lecture d'un texte qui provoque le désir d'écrire ; « les aventures de ce désir forment peu à peu la vraie biographie de ce sujet et les articles dits critiques sont bien dès lors les variations d'un thème biographique, [...] presque d'un thème érotographique[16] ». L'Erotographie (auto)castratrice de découpes empruntées au rythme des phrases : le texte tuteur est coupé, barré, zébré[17], trituré en petits bouts, pour être assemblé, suturé par le récit barthésien, en « mythogramme de sa propre biographie[18] ». L'assemblage retourne le texte de Balzac en « image intérieure », spéculaire et *unheimlich* de la lecture barthésienne (je m'y vois, mais je ne reconnais pas ce que je vois[19]) : multiple et pluriel, offert et sauvé de la répétition par une relecture infinie.

Le mythogramme, le Z de Balzac et le S de Sarrasine et le S de Barthes, le sinueux sur le droit, « le plaisir de dépecer, [...] de porter à la limite[20] » : le Z qui tranche et meurtrit et le S qui méandre, comme le sang coulant des plaies ouvertes, assemblent une *Sarrasine* totale, en une pièce, mais comme exécutée (dans le sens de jouer une pièce musicale mais aussi de mettre à mort), immobile tel un masque mortuaire, *l'imago maiorum* qu'on garde dans l'armoire imaginaire de soi. Sartre tenait autrefois la littérature pour une épée : l'arme par excellence barthésienne semble être le fleuret, descendant du fleuret des mousquetaires de Dumas, qui,

---

13 Éric Marty, *Roland Barthes, Le métier d'écrire*, Seuil, Fiction et Cie, Paris, 2006, p. 149.

14 *S/Z*, *op. cit.*, p. 217 / *OC III*, p. 296.

15 *Cf.* Giorgio Agamben, *Homo sacer. Il potere sovrano e la nuda vita*, Einaudi, Torino, 1995, p. 4-5.

16 Roland Barthes, « Rapports entre fiction et critique selon Roger Laporte », *OC V*, *op. cit.*, p. 759.

17 *S/Z*, *op. cit.*, 19 / *OC III*, p. 128 ; *cf.* *S/Z*, *op. cit.*, 113 / *OC III*, p. 207.

18 Éric Marty, *Roland Barthes, Le métier d'écrire*, *op. cit.*, p. 149.

19 *Cf.* *S/Z*, *op. cit.*, p. 19 / *OC III*, p. 128.

20 Roland Barthes, *Le Plaisir du texte*, Seuil, Paris, 1973, p. 60 / *OC IV*, p. 241.

de sa lame agile, imprime des lettres critiques sur le corps d'un corpus : écriture d'une fiction de corpus total comme corps, à la fois incluse et exclue du « mélange écœurant d'opinions courantes », de la « nappe étouffante d'idées reçues », de « la platitude mate de la réalité[21] ». Le *soi-disant* de cette autobiographie, qui se prétendait « essayiste » tout en doutant « de l'engagement guerrier de la parole[22] » passe sa vie, tel un maître d'escrime, à essayer des coups d'écriture.

PENSÉE-MOT I : LE BOUT

Bout de la langue : le mot bout, dérivé de bouter, germ. *bautan*, signifiait, au dire des dictionnaires, au XIe siècle germe, avant de désigner la portion qui termine un corps ou un espace, une extrémité, un petit morceau, le terme de quelque chose, ou, dans la langue de vénerie, le moment où le chien ne sait plus que faire. La raison de la découpe tient dans cette multiplication d'extrémités, de fins, de moments perdus. Elle multiplie ce que Barthes appelle la perspective du texte classique, où une vérité profonde est toujours finale : « le profond est ce qui est découvert à la fin[23] ». Mais cette multiplication de finalités, limitée par les bouts de phrase, détruit aussi toute fin et, du même coup, tout commencement. Tout se transforme en un phrasé infini, chantant une énigme générale et généralisée de moments perdus. Trouver le mot, le nom et la vérité de cette énigme, condamne à « erre[r] d'un bout à l'autre où le poème fait contrée, erre[r] au travers de ces chemins au dire malheureux, au dire impossible que noue ce que la langue laisse entendre[24] ». Et cette errance, ce dire malheureux et impossible, n'est, peut-être, qu'une attente de don, semblable à celui que le Rimbaud de Pierre Michon demandait à Banville : « les jeunes attendaient que les poètes en titre, c'est-à-dire ceux dont le nom avait au moins une fois dans un contexte

21 *S/Z*, *op. cit.*, p. 211 / *OC III*, p. 291 ; Marty, *Roland Barthes, Le métier d'écrire*, *op. cit.*, p. 49.
22 Roland Barthes, « Un contexte trop brutal », *OC V*, p. 657 ; *Le Plaisir du texte*, *op. cit.*, p. 57 / *OC IV*, p. 240.
23 *S/Z*, *op. cit.*, p. 177 / *OC III*, p. 262.
24 Pascal Quignard, *Lycophron et Zétès*, Gallimard, coll. Poésie, Paris, 2010, p. 8. Il s'agit de la traduction de Lycophron, *Alexandra*, v. 11-12.

frôlé le mot génie, que ceux-là donc leur accordassent un petit rayon de ce nimbe invisible qu'ils étaient réputés avoir sur la tête ; et qui se transmet comme par bouture, du plus vieux au plus jeune, mais que le jeune ne peut jamais voler tout à fait[25]... ». Les bouts de phrases de Balzac (et de Proust...) comme bouture de Barthes écrivain.

PENSÉE-MOT II : LE GERME

Le germe vient du latin *germen*, rejeton ou descendance, mais aussi bourgeon, pierre précieuse, origine. Le germe, ce bout précieux de l'origine où l'on ne sait plus que faire, où l'on se sent perdu comme un prédateur qui a perdu la trace de sa proie, est aussi la promesse d'une croissance, d'une éclosion. « Quand on écrit on dispense des germes, on peut estimer qu'on dispense une sorte de semence[26] » : la perte et l'éclosion sont déjà enterrées ensemble dans le passé des mots écrits. Si la relecture est censée sauver du consumérisme, elle ne sauve pas de la répétition, ou presque. Bout répète germe, germe répète bout, bout et germe répètent semence : « le travail du mot produit, finalement, une certaine pensée[27] », un travail particulier, itinérant et itératif, au gré du sens historique enfoui dans les mots. Dire que quelque chose, un nom ou une vérité, tombe du bout de la langue comme une dispensation de germes, est une tautologie fondatrice, celle de l'éclosion de l'écriture comme commentaire. Il y a toujours un texte tuteur dont le bout est déjà le germe de la phrase du texte pupille. Le bout est déjà le germe, de même que le germe est déjà le bout. Cela revient à expliquer « le même par le même, [...] qui rend illusoire l'idée de l'illustration » car ce dont on n'a pas une idée ne peut être illustré, juste répété. Cette opération répétitive « abolit les deux faces de l'équivalence (la lettre et le symbole) sans que ce soit au profit de l'une ou de l'autre[28] ». Ainsi, le texte de *Sarrasine* et le commentaire-pensée-exégèse, *sur-exégèse* des

25 Pierre Michon, *Rimbaud le fils*, Gallimard, coll. Folio, Paris, 1991, p. 40.
26 Roland Barthes, « La crise du désir », *OC V*, *op. cit.*, p. 945.
27 Roland Barthes, « Entre le plaisir du texte et l'utopie de la pensée », *OC V*, *op. cit.*, p. 537.
28 *S/Z*, *op. cit.*, p. 170 / *OC III*, p. 256.

symboles[29], « fiction » des grandes structures de symbolisation, comme « discours substitutif[30] ». La répétition germe dans la substitution ; au bout de la répétition se trouve la substitution ; l'une est toujours déjà précédée par l'autre.

Ainsi, la figure d'« un gig que je connais, José, longiligne blafard aux yeux bleu clair[31] », visible et brillant dans ses mots (dans le sens de φαίνω, faire briller, avoir de la lumière, tels « les mots qui brillent », qui sont, comme les phénomènes, des « apparitions distractives, incongrues »), et la fin de « l'amour d'*un* garçon », sagesse invisible, commentaire-fiction raccourci, pensée (pensée traduit ici le grec φρόνησις, le savoir théorique impossible à voir) dans les *Soirées de Paris*[32]. « Suivre, en effet, la voie véritable de l'amour, [...] s'élever, comme par échelons, en passant d'un seul beau corps à deux, [...] puis aux belles sciences, jusqu'à ce que des sciences on en vienne à cette science qui n'est autre que la science du beau [...][33] » : l'équivalence trace le trajet du visible à l'invisible où « le latent [...] occupe d'emblée la ligne du manifeste, [et] le signe s'aplatit : il n'y a plus de représentation[34] ». Une latence, « un être délicat mais inaccessible et énigmatique, à la fois doux et distant » devient la manifestation de la littérature[35]. Manifestation multiple, plurielle, disséminée, où la langue est le germe de la langue, où la langue est littéralement au bout de la langue, exténuée dans l'effort d'atteindre « une terre merveilleuse qui toujours s'éloigne » comme le dit Barthes déjà en 1934, en décrivant, dans une lettre, son projet abandonné de roman[36]. L'irreprésentable de la littérature y est conçu comme l'idée de ce qui est sans idée, tel le roman qui « est le genre de ce qui est sans genre », comme latence issue de la poétique d'une métaphysique de l'antireprésentation dans le sillage de Flaubert[37]. Le nom et la vérité qui tombent de la langue comme les garçons et les gigs, sont le nom

---

29 Éric Marty, *Roland Barthes, Le métier d'écrire*, *op. cit.*, p. 147.
30 *Cf. Le Plaisir du texte*, *op. cit.*, p. 31 / *OC IV*, p. 228 ; *cf. OC V*, *op. cit.*, p. 1033.
31 Roland Barthes, « Soirées de Paris », *OC V*, *op. cit.*, p. 986.
32 *Le Plaisir du texte*, *op. cit.*, p. 68 / *OC IV*, p. 245 ; « Soirées de Paris », *OC V*, *op. cit.*, p. 993.
33 Platon, *Le Banquet*, 211c, trad. Vicaire, dans *Œuvres complètes*, tome IV, 2e partie, Les Belles Lettres, Paris, 2008.
34 *S/Z*, *op. cit.*, p. 170 / *OC III*, p. 256.
35 « Soirées de Paris », *OC V*, *op. cit.*, p. 993.
36 Dans Typhaine Samoyault, *Roland Barthes*, Seuil, Fiction et Cie, Paris, 2015, p. 113.
37 Jacques Rancière, *La parole muette. Essai sur les contradictions de la littérature*, Hachette, Paris, 1998, p. 28 et 112.

et la vérité impossibles de « la visibilité de l'invisible, de l'apparition sensible de l'idée » qui renvoie, pour Platon, au paradoxe de la beauté par rapport à la pensée, impossible à contempler[38]. Justement parce qu'elle jouit du privilège « d'être parfaitement manifeste et parfaitement digne d'amour », « la beauté ne peut s'écrire », c'est-à-dire penser (c'est la même chose), « sinon par additions et tautologies[39] ». La beauté écrite est un signe plat qui brille et fascine, qui sidère, une suite d'additions et de tautologies de germes et de bouts, d'extrémités et de fins, de la fin et des fins (espoir de jouissance, de « *passage* du sexe au discours[40] »), un beau corps, puis un autre, « ces très nombreux gigolos qui arpentent le trottoir de Boulevard Saint Germain, [...], cette haie mouvante et désordonnée », évoqués par Marty, ou décrits, crûment, dans les *Tricks* de Renaud Camus, comme « quelque chose comme la conquête méthodique d'un bonheur[41] ».

« Écrire ne cherche pas le livre. Écrire comme lire cherche la lecture[42] » : le bout de la lecture est l'écriture, le germe de l'écriture est la lecture : c'est cette jointure, cette articulation qui permet le mouvement de l'impossible main qui écrit la beauté, « où une même anamnèse saisirait la lecture et l'aventure[43] ». Perdition dans la promesse et promesse dans la perdition : ce qui ne peut pas s'écrire « permet d'écrire (et de lire)[44] ».

PENSÉE-MOT III : LA LITTÉRATURE

Si, pour Barthes, le symbolique représente, dans la tradition occidentale de type réaliste, tout discours substitutif, la littérature voulue, désirée, projetée, résumée sur une feuille de la *Vita Nova* par la formule

38 Giorgio Agamben, *Gusto*, Quodlibet, Macerata, 2015, p. 13-14 (je traduis) ; Platon, *Phèdre*, 250d, trad. Vicaire, dans *Œuvres complètes*, tome IV, 3e partie, Les Belles Lettres, Paris, 2002.

39 *Phèdre*, 250d : ἐκφανέστατον καὶ ἐρασμιώτατον ; *S/Z*, *op. cit.*, p. 149 / *OC III*, p. 238.

40 Roland Barthes, « Préface » à Renaud Camus, *Tricks*, P.O.L., Paris, 1988, p. 16 / *OC V*, *op. cit.*, p. 686.

41 Marty, *Roland Barthes, Le métier d'écrire*, *op. cit.*, p. 41-41 ; « Préface à Tricks », *op. cit.*, p. 17 / *OC V*, p. 687.

42 Pascal Quignard, *Petits traités II*, Gallimard, coll. Folio, Paris, 1990, p. 85.

43 Roland Barthes, *Le Plaisir du texte*, *op. cit.*, p. 94 / *OC IV*, p. 256.

44 *Id.*, p. 13 / *OC IV*, p. 220.

« la littérature comme substitut d'amour » et répétée sur la feuille suivante, appartient au symbolique de l'amour : sa littérature est « du côté de l'amour », promise à « l'homme de l'amour et des amours[45] ». Le substitut symbolique se fait littérature. La répétition, cependant, comporte une variante : entre les mots substitut et amour est inséré un mot griffonné, dans lequel l'éditeur croit lire « expansion », mais conclut qu'il s'agit d'un mot illisible. Dans la langue des philologues, il s'agit d'un *locus desperatus*, d'un lieu désespéré, désolant et désolé, sans espoir, dont le sens est considéré perdu, impossible à recouvrer : le symbolique fait littérature, est le lieu sans espoir d'une expansion incertaine.

Ce griffonnage à la fois reconnaissable et inconnu, biffure sur le papier dont on ne peut pas être sûr, trace un idéogramme contenant justement l'idée dont on n'a pas idée qui fait l'essence de la littérature (ou plutôt son sans-essence désolant et désolé). Car le symbolique est hiératique et le lieu incertain, l'idéogramme, s'avère ici, en fait, hiéroglyphe, destiné à une longue et patiente interprétation de la désolation, semblable à celle du flâneur balzacien dans les rues de Paris, à qui « les murs menaçants » des maisons « semblaient avoir été bariolés d'hiéroglyphes » dans *La Maison du Chat-qui-pelote*, nouvelle mise au début de ses *Œuvres complètes*[46]. Bariolés, soit dit en passant, c'est-à-dire historiés, c'est-à-dire gros d'histoires d'amour malheureux, comme *Sarrasine*, comme *Le nom sur le bout de la langue*. La littérature désirée de Barthes, à la manière du Proust de Deleuze, faisant son deuil du Logos qu'elle exploite[47], se greffe sur le hiéroglyphe balzacien, sur son image intérieure. Semblable au « critique », ce « prêtre, attentif à déchiffrer l'Écriture de Dieu[48] », le flâneur de Barthes, le *soi-disant* des *Soirées de Paris*, « l'homme du voyage et des voyages[49] », voit dans les figures de gigolos et de garçons autant de hiéroglyphes. Leur connexion produit une Écriture hiératique, une hiérobiographie idéogrammatique illisible dans sa lisibilité, présente justement par son absence. Cette illisibilité lisible de la figure, cette

---

45 « Vita Nova », *OC V*, *op. cit.*, p. 994 et 995 ; « Longtemps je me suis couché de bonne heure », *OC V*, p. 468 ; Roland Barthes, *Essais critiques*, Seuil, Paris, 1964, p. 13-14 / *OC II*, *op. cit.*, p. 275.

46 Honoré de Balzac, *La Maison du Chat-qui-pelote*, dans *La Comédie humaine. Étude de Mœurs : Scènes de la Vie privée*, I, éd. Bouteron et Lognon, Conard et Brentano's, Paris, 1912, p. 3.

47 Gilles Deleuze, *Proust et les signes*, PUF, Paris, 1971, p. 195.

48 Roland Barthes, *S/Z*, *op. cit.*, p. 180 / *OC III*, p. 265.

49 Roland Barthes, *Essais critiques*, *op. cit.*, p. 13 / *OC II*, p. 275.

présence absente n'est que le rapport de l'écriture et du sens, leur être-ensemble comme figure[50]. La figure de cet être-ensemble constitue l'énigme de la littérature, tout en se constituant à la fois, dans cette même tradition occidentale de type réaliste (ou mimétique) depuis les Grecs, en littérature de l'énigme, du γρῖφος, du langage enchevêtré et désespérant de dévoilement et de déchiffrement, « qui est une nomination finale, la découverte et la profération du mot irréversible[51] ».

PENSÉE-MOT IV : LE MOMENT DE VÉRITÉ

Le mot irréversible profère le poème (tout produit de ποῖειν, roman compris : en l'occurrence, l'*Alexandra* de Lycophron, dont un bout est cité ici dans la traduction de Pascal Quignard) qui « est l'exact opposé du nom au bout de la langue[52] ». Ce « prédicat enfin trouvé », ce « sujet enfin pourvu de son complément » fait apparaître et rend inéluctable ce qui, semble-t-il, doit pour Barthes toujours rester latent et imprévisible : la littérature comme « moment poétique », point d'intersection inattendu entre l'écriture et la lecture, entre le pouvoir et le savoir, entre le corps et le corpus, où « tout d'un coup, la littérature [...] coïncide absolument avec un arrachement émotif, un "cri", à même le corps du lecteur », cri de jouissance qui double l'amour par la mort et la mort par l'amour dans une « forme incertaine, peu canonique dans la mésure où je ne conçois pas, mais seulement la remémore ou la désire[53] ». « Où apparaît la mort, chez les hommes, sinon dans le bonheur ? La jouissance est dissolution des membres dans ses moyens, résorption dans sa fin. Dans l'hallucination de satisfaction, la vie est finie, la quête est récompensée, le

50 *Cf.* Jean-Luc Nancy, *Le sens du monde*, Galilée, Paris, 1993, p. 184.

51 Roland Barthes, *S/Z*, *op. cit.*, p. 216 / *OC III*, p. 295. Jean-Claude Milner, *Le pas philosophique de Roland Barthes*, Verdier, coll. Philia, Lagrasse, 2003, p. 77-78, retrouve le mouvement analogue dans *La Chambre claire* : « Dans l'univers de *La Chambre claire*, l'amour de la langue et l'amour de la mère ne font qu'un, au point du plus extrême dépouillement, sous la garantie de la chimie photographique qui autorise, en forme d'image, l'occurrence répétable de l'irrépétable. »

52 Pascal Quignard, *Le nom sur le bout de la langue*, *op. cit.*, p. 73.

53 Roland Barthes, *S/Z*, *op. cit.*, p. 193 / *OC III*, p. 276 ; « Longtemps je me suis couché de bonne heure », *op. cit.*, *OC V*, p. 468 et 469.

temps est détruit. C'est le nirvana. Dans le nirvana, le langage lui-même se retire[54] ». Le langage retiré du mot, du prédicat et du complément, produisant du langage « hors des langages[55] » est la « *plus-value* » du désir de l'infini comprimé dans le fini, à la fois singulier et universel, « qui part de derrière moi et va au-delà de moi[56] ». Cette plus-value est une tombée sans chute, un moment perpétuel où le poids du langage comme corpus et corps est suspendu, où le savoir d'écrire peut devenir écriture, une « littérature [...] sans preuves » de savoir[57]. Cette écriture sans preuves est censée manifester, comme le journal, « un Texte à peu près impossible[58] ». La littérature, le mot irréversible, advient comme pensée de l'impossibilité de l'irréversible.

PENSÉE-MOT V : LE *COMME SI*

« Pour qu'il y ait événement d'invention, il faut que l'invention apparaisse comme impossible ; [...] la seule possibilité de l'invention, c'est l'invention de l'impossible[59] » : cette impossibilité possible de l'événement de l'œuvre, cette certitude incertaine de la littérature, hypostase de l'illisible lisible, oscille incessamment entre la mémoire et le désir : elle n'arrive comme mémoire qu'à partir comme désir, elle n'arrive comme lecture qu'à partir comme écriture, elle n'arrive comme corps qu'à partir comme corpus. « ... Le roman est toujours à l'horizon du critique : le critique est *celui qui* va écrire... » ; « *Est-ce que je ferais réellement un roman* ? [...] *Je vais faire* comme si *j'allais en faire un. Je vais m'installer dans ce* comme si[60] » : la littérature barthésienne,

54 Pascal Quignard, *Le nom sur le bout de la langue*, *op. cit.*, p. 71.
55 Roland Barthes, *Le Plaisir du texte*, *op. cit.*, p. 50 / *OC IV*, p. 237.
56 Jean-Luc Nancy dans Adèle Van Reeth, Jean-Luc Nancy, *La jouissance. Questions de caractère*, Plon / France Culture, Paris, 2014, p. 75.
57 Roland Barthes, « Délibération », *op. cit.*, *OC V*, p. 681.
58 *Id.*, p. 681.
59 Jacques Derrida, « Une certaine possibilité impossible de dire l'événement », dans Jacques Derrida, Gad Soussana, Alexis Nouss, *Dire l'événement, est-ce possible ? Séminaire de Montréal, pour Jacques Derrida*, L'Harmattan, Montréal, 2001, p. 96.
60 Roland Barthes, *Essais critiques*, *op. cit.*, p. 21 / *OC II*, p. 282 ; Jean Esponde, *Roland Barthes, un été (Urt 1978)*, Éditions confluences, Bordeaux, 2009, p. 112.

son roman est toujours *in potentia*, jamais tout à fait *in actu*, possible dans son impossibilité même. À l'instar de la musique, son phrasé n'est que « "l'acquiescement à l'*impermanence*", au "*devenir*", le refus ou plutôt l'aveu d'un impouvoir de la notion même d'être », la « mise en crise de la notion du "propre" », le propre de la littérature et l'être de l'écrivain, l'être de l'écriture et le propre du sens où « propre et impropre, un et multiple, même et autre, ces termes constitutifs de la notion de "sujet", comme aussi de la notion d'"objet" ne sont plus opposés, mais entrent dans un subtil jeu de différences et de différ*a*nce, d'espacement et de temporisation, sans fin[61] », tant que dure la vie à écrire, à proustifier en préparation du roman[62] (idéal romantique, celui de « l'impossibilité de vivre hors du texte infini[63] », semblable à la mélodie infinie, l'*Unendliche melodie* de Wagner). Telle une *Praeparatio evangelica*, préparation sans fin de la fin, cette fiction bourgeonnante du sujet qui est le sujet de la fiction[64], attend sa « forme qui soit nouvelle par rapport aux pratiques passées, aux discours passés », composée de « phrasés interminables en attente inquiète de leur verbe[65] ».

PENSÉE-MOT VI : LA JOUISSANCE

La jouissance, comme le plaisir, se déclinent, pour Barthes, toujours ensemble et au pluriel. On connaît le *caveat* : « la distinction ne sera pas source de classements sûrs, le paradigme grincera, le sens sera précaire, révocable, réversible, le discours sera incomplet[66] ». La structure du *Plaisir du texte* est similaire à celle du *S/Z* et du *Nom sur le bout de*

61 Marie-Louise Mallet, *La musique en respect*, *op. cit.*, p. 170.

62 Jean Esponde rapporte les mots de Barthes lors du cours de *La préparation du roman* : « ...l'important est le chemin, on le parcourt, on l'a déjà parcouru. Évoquant aussi la maxime "il n'est pas nécessaire d'espérer pour entreprendre", il avait ajouté : de même le roman peut s'accomplir dans sa préparation » (Esponde, *Roland Barthes, un été (Urt 1978)*, *op. cit.*, p. 112).

63 Roland Barthes, *Le Plaisir du texte*, *op. cit.*, p. 59 / *OC IV*, p. 241.

64 *Cf.* Roland Barthes, *Le Plaisir du texte*, *op. cit.*, p. 98 / *OC IV*, p. 258.

65 *Cf.* Roland Barthes, « Longtemps je me suis couché de bonne heure », *op. cit.*, *OC V*, p. 469 ; Serres, *Musique*, *op. cit.*, p. 51.

66 Roland Barthes, *Le Plaisir du texte*, *op. cit.*, p. 10 / *OC IV*, p. 219.

la langue : il s'agit de deux textes, l'un s'offrant comme commentaire de l'autre. Le texte tuteur (la vie, la biographie, les lectures, les entretiens, « le sujet historique » et le « sujet anachronique[67] ») est invisible, enfoui dans les blancs qui séparent les fragments. La lecture est son dépistage, son moyen d'apparition. Le texte pupille est, par contre, visible, exhibé, tissé d'indications, de notes de lecture, de petits traités argumentatifs, une tapisserie de « notes personnelles prises au jour le jour[68] ». Ce dialogue intérieur, où seulement la partie ensoleillée est apparente (les mots brillants), n'aboutit pas au σφαῖρος d'Empédocle, « à l'état d'unité d'univers quand il est dominé par l'amour », comme Marc Aurèle dans ses *Pensées* ou *Écrits pour lui-même*, sage « tout entier en lui-même, bien arrondi et sphérique, afin que rien d'extérieur ne puisse y adhérer à cause de sa forme lisse et polie[69] ». Les crevasses des fragments trahissent un malaise.

Ce malaise ne provient ni de l'impossibilité de façonner des personnages conceptuels distincts et élégants, ni du manque d'explication totale, ni des relations tendues et embrouillés entre le corps et le corpus (une autre tautologie, ou essai d'explication du même par le même), ni de l'inconsistance, des contradictions et des similitudes des définitions du plaisir et de la jouissance. Il s'agit d'un malaise généralisé, presque immémorial, qui dure autant que la tradition occidentale. Il provient d'une double question : comment prendre la mesure du plaisir ? Et : comment prendre le plaisir de la mesure ? Il a à voir avec une impossibilité et une possibilité qui provient de cette impossibilité, dont « la

67 *Id.*, p. 99 / *OC IV*, p. 258.

68 Pierre Hadot, *La citadelle intérieure. Introduction aux* Pensées *de Marc Aurèle*, Fayard, Paris, 1992, p. 46 : ὑπόμνεμα.

69 Hadot, *La citadelle intérieure. Introduction aux* Pensées *de Marc Aurèle*, *op. cit.*, p. 137, citant Horace, *Sat.* 2.7.86 : « *et in se ipso totus, teres atque rotundus.* » Marty, *Roland Barthes, Le métier d'écrire*, *op. cit.*, p. 72, compare le Barthes des « Soirées de Paris » à Marc Aurèle, à « l'ironie stoïcienne », au « ne pas vivre ». Le but de Marc Aurèle est, même dans l'adversité, de « continue[r] d'être exempt de chagrin, sans être brisé par le présent ni effrayé par l'avenir » (Marc Aurèle, 4.49.2 : ἄλυπος) ; Barthes, *Journal de deuil*, éd. Nathalie Léger, Seuil/Imec 2009, p. 233, par contre, fera du chagrin, de la λύπη, « une sorte de dépôt, de rouille, de boue déposée sur [son] cœur : une *amertume* de cœur (irritabilités, agacements, jalousies, manque d'amour », et aussi une banalité (p. 234). Dans le style barthésien de l'énallage, le lisse ou le poli et le rouillé ou le boueux, idées opérant ensemble, à la fois empêchent et permettent (l'espoir de) l'écriture : « Pleine mer de chagrin [...]. L'écriture n'est plus possible » contre « Liquider d'arrache-pied ce qui m'empêche, me sépare d'écrire le texte sur mam. : le départ actif du Chagrin : l'accession du Chagrin à l'Actif » (p. 225 et 217).

névrose, [ce] pis-aller [...] par rapport à l'impossible, [...] le seul qui permet d'écrire (et de lire)[70] », représente l'avatar barthésien.

Le plaisir et la jouissance, jumeaux siamois et querelleurs, incarnent (littéralement, dans le corps et dans le corpus), chacun à sa façon, la même chose, un certain être-avec le texte, qui est le même que l'« être avec qui on aime [en pensant] à autre chose[71] ». « Chaque fois que j'essaye d'"analyser" un texte qui m'a donné du plaisir, ce n'est pas ma "subjectivité" que je retrouve, c'est mon "individu", la donnée qui fait mon corps séparé des autres corps et lui approprie sa souffrance et son plaisir : c'est mon corps de jouissance que je retrouve[72] ». C'est ce qu'entendait, semble-t-il, Kant par l'agréable : « ce qui renvoie à moi en tant que sujet : le plaisir me plaît, c'est-à-dire, il convient à quelque chose en moi[73] », ce quelque chose en moi étant mon individu, le corps de jouissance de mon être. Ce corps de jouissance est « l'excès que l'homme peut trouver en lui », « un élan infiniment renouvelé de correspondance avec l'infini lui-même », d'ailleurs déjà, chez Spinoza, très sexuel[74]. À la fois centripète et centrifuge, ce mouvement contradictoire et circulaire, qui sépare en unissant, contient en débordant, qui lève les barrières en les posant, qui creuse en détonnant, dessine l'horizon « du sensible "le plus intérieur", qui, par partage [comme division et comme part qui revient à quelqu'un], va se déployant subjectivement à l'infini, ou fait découvrir l'infini par sa ressource » dans une « véritable science du devenir », jugée par Barthes actuellement impossible à concevoir[75].

Retrouver son corps de jouissance par l'analyse d'un texte qui fait plaisir est une opération où se rejoignent une certaine anamnèse (mémoire du corps) et une certaine discipline de désir, celle de posséder le corpus qui provoque la jouissance comme corps de l'autre (posséder traduit aussi le latin *gaudere*, qui donne en français jouissance). Elle conjugue aussi, paradoxalement, un voir (au sens large), une fascination et une sidération, le sensible, appartenant au régime de visibilité, et un penser (analyse), un savoir, l'intelligible, appartenant au régime d'invisibilité, manifestés

70 Roland Barthes, *Le Plaisir du texte*, *op. cit.*, p. 13 / *OC IV*, p. 220.
71 *Id.*, p. 13, p. 41 / p. 233.
72 Roland Barthes, *Le Plaisir du texte*, *op. cit.*, p. 13, p. 99 / *OC IV*, p. 258.
73 Nancy dans Van Reeth et Nancy, *La jouissance. Questions de caractère*, *op. cit.*, p. 16.
74 *Ibid.*, p. 19.
75 François Jullien, *De l'intime. Loin du bruyant Amour*, Grasset, Paris, 2013, p. 73 ; *Le Plaisir du texte*, *op. cit.*, p. 96 / *OC IV*, p. 257.

obliquement dans *Le Plaisir du texte* par la note sur la tradition des deux réalismes : « le premier déchiffre le “réel” (ce qui se démontre mais ne se voit pas) ; le second dit la “réalité” (ce qui se voit mais ne se démontre pas)[76] ». Les mots brillants qui coupent le souffle (l'aventure, l'événement), et l'analyse qui les découpe (la lecture), permettant les retrouvailles du corps dans le corpus, sont à la fois, du fait de la différence des régimes et de l'identité du procédé, identiques et distincts. Au début de la tradition occidentale, chez Platon, cette *iunctura* est représentée par « la définition de la beauté » comme « la visibilité de l'invisible, l'apparition sensible de l'idée[77] » : être avec le gigolo, le garçon et l'Autre de la *Vita Nova*, de même qu'être avec la mère dans le *Journal de deuil*, sont, chacune à sa façon, apparition sensible de l'idée de l'amour.

« Désarroi, déshérence, apathie : seule, par bouffées, l'image de l'écriture comme “chose qui fait envie”, havre, “salut”, projet, bref “amour”, joie », dit *Journal de deuil*. L'association de l'amour, de l'écriture (roman, texte, commentaire) et de la possibilité impossible de la littérature n'a rien de naturel, même si elle est justifiée (stéréotypée) par l'autorité proustienne, cette « *mathesis* générale, la *mandala* de toute la cosmogonie littéraire[78] ». Proust est ici une formidable machine à empêcher de comprendre (le mot est de Lucien Febvre). Le côté de l'amour de la littérature, qui associe les deux réalismes, où le plaisir de voir recoupe la connaissance et la pensée (le deuil du logos), n'est pas une proustification de la platitude de la vie, ni une connexion évidente, *fraglos gegeben.* Faire de l'amour, de la « figure démoniaque de l'Eros[79] », de « ce qui » au dire de Platon, « passe en lui et sans cesse lui échappe[80] », la possibilité impossible de la littérature[81], sa cause et son effet, a des racines très profondes. Cette connexion engage l'histoire de la métaphysique occidentale. « La visibilité de l'idée dans la beauté », affirme Agamben

---

76 Roland Barthes, *Le Plaisir du texte*, *op. cit.*, p. 73-74 / *OC IV*, p. 247.

77 Giorgio Agamben, *Gusto*, *op. cit.*, p. 14-15.

78 Roland Barthes, *Journal de deuil*, *op. cit.*, p. 69. *Le Plaisir du texte*, *op. cit.*, p. 59 / *OC IV*, p. 240.

79 Giorgio Agamben, *Gusto*, *op. cit.*, p. 21.

80 *Le Banquet*, 203e : τὸ δὲ ποριζόμενον ἀεὶ ὑπεκρεῖ, ὥστε οὔτε ἀπορεῖ : une des définitions de l'Amour à travers le jeu de mots sur πόρος, passage.

81 *Cf.* l'emploi du vocabulaire platonisant dans ses notes : « 14. Juillet. Souverain Bien du Roman : entrevue en face en avril (à Casa), mais finalement j'en suis séparé – par le deuil, le chagrin, la dépression – l'acédie » : BNF, NAF 28630, 14 juillet 1979, dans Samoyault, *Roland Barthes*, *op. cit.*, p. 656.

en commentant Platon, « est, en fait, l'origine de la manie amoureuse, que le *Phèdre* décrit constamment en termes de regard, et de processus cognitif qu'elle instaure, dont l'itinéraire est fixé par Platon dans *Le Banquet*[82] » : trouver la vérité du nom qui tombe du bout de la langue, remémore et désire la solidification d'une ancienne métaphore liée à l'amour[83].

En fait, le geste d'amour qui fait tomber la vérité du nom du bout de la langue est assez particulier, si particulier qu'il ne peut être décrit que par une métaphore passée : « l'écriture *naissante* est une écriture *passée*[84] ». Pour sauver les phénomènes par un savoir autre, Platon proposait de suivre l'exemple de l'astronomie, de la connaissance du ciel, à laquelle la beauté visible des astres sert d'exemple pour étudier leur vérité invisible ; plus près de nous, Valéry disait que la métaphysique n'est que l'astrologie des mots[85]. « Le texte, dans sa masse, est comparable à un ciel, plat et profond à la fois, lisse, sans bords et sans repères ; tel l'augure y découpant du bout de son bâton un rectangle fictif pour y interroger selon certains principes le vol des oiseaux, le commentateur trace le long du texte des zones de lecture, afin d'y observer la migration des sens, l'affleurement des codes, le passage des citations[86] ». L'association du commentateur et de l'augure, ce devin qui contemple le ciel, dont « l'*auspicium* peut être défini comme un moyen de contrôle global entre la cité et ses dieux, ou, sur un autre plan, entre la réalité humaine et l'absolu divin », dont la science est gardée secrète[87], ne repose pas uniquement sur la comparaison d'un texte avec le ciel étoilé (celle d'*Un coup de dés* proposée par Valéry, entre autres) ; elle a à faire avec l'impossibilité de rendre compte du plaisir pris dans la lecture (le contrôle), de rendre raison de l'apparition de la vérité dans la beauté, dont les racines plongent dans le paradoxe platonicien de la beauté.

Ce paradoxe repose sur une fracture, une faille très ancienne : celle entre la science et la beauté, dont la connexion « est le centre de la théorie platonicienne des idées. La beauté ne peut pas être connue, la vérité ne

---

82 Giorgio Agamben, *Gusto*, *op. cit.*, p. 14-15.

83 Roland Barthes, *Le Plaisir du texte*, *op. cit.*, p. 69 / *OC IV*, p. 245, à la suite de Nietzsche.

84 Roland Barthes, « Le style et son image », *OC III*, p. 979.

85 *Cf.* Platon, *La République*, 529c-e ; Paul Valéry, *Cahiers*, tome I, Gallimard, Pléiade, Paris, 1973, p. 480.

86 Roland Barthes, *S/Z*, *op. cit.*, p. 20-21 / *OC III*, p. 129.

87 John Schied, *Religion et piété à Rome*, Albin Michel, Paris, 2001, p. 64.

peut pas être vue » ; la beauté (d'un garçon) est visible, mais inaccessible et énigmatique, douce et distante, elle ne se démontre pas ; la vérité de la fin de l'amour ne peut pas être vue, seulement pensée, c'est-à-dire démontrée. « C'est l'intrication de cette double impossibilité qui définit l'idée et la sauvegarde authentique des apparences, effectuée dans un "savoir autre" de l'Eros[88] ». L'écriture érotographique est ce « savoir autre », savoir d'être avec l'autre, la science de l'être-avec[89]. « Justement parce que l'acte de la connaissance est scindé de cette façon entre vérité et beauté, étant, en même temps, concevable uniquement dans cette scission, le savoir doit se concevoir comme "amour de savoir" ou "savoir d'amour" et [...] se présenter comme philosophie, l'intermédiaire entre la science et l'ignorance, entre un avoir et un non-avoir[90] » : paradis de la perte comme perte de paradis. La philosophie (dans le sens étymologique du terme, du désir du savoir et de la sagesse) comme littérature, comme écriture qui charge la vie littéraire de concepts (*Sarrasine* et le récit critique de Barthes, *Le nom sur le bout de la langue* et le *Petit traité sur Méduse*, les blancs et *Le Plaisir du texte* enfin réunis) est cette potentialité en acte qui n'arrive comme science et avoir qu'à partir comme ignorance et non avoir, qui n'arrive comme apparence qu'à partir comme idée. Précaire, latente et secrète, elle seule, en manifestant la science de l'être-avec, « sauve des phénomènes entre l'invisibilité de l'évidence (vérité) et l'évidence de l'invisible (la beauté) » et permet de jouir « dans la beauté [des corps] de la beauté en idée[91] ». Car, pour Barthes, comme pour Platon, il s'agit, avant tout, de sauver les phénomènes, « le grain du gosier, la patine des consonnes, la volupté des voyelles [...] : l'articulation du corps, de la langue, non celle du sens, du langage[92] », sans sacrifier les idées.

« Cette fracture de la connaissance, héritage laissé par Platon à la culture occidentale, est aussi une fracture du plaisir[93] », celle de la possibilité et de l'impossibilité d'un savoir qui jouit, qui prend plaisir,

---

88 Giorgio Agamben, *Gusto*, *op. cit.*, p. 18-19.

89 *Cf. Journal de deuil*, *op. cit.*, p. 263 : « Mais l'intelligence c'est : tout ce qui nous permet de vivre souverainement avec un être. »

90 Giorgio Agamben, *Gusto*, *op. cit.*, p. 19.

91 Giorgio Agamben, *Gusto*, *op. cit.*, p. 20 ; Nancy dans Mathilde Girard, Jean-Luc Nancy *Proprement dit. Entretien sur le mythe*, Lignes, Paris, 2015, p. 58.

92 Roland Barthes, *Le Plaisir du texte*, *op. cit.*, p. 105 / *OC IV*, p. 261. *Cf.* Milner, *Le pas philosophique de Roland Barthes*, *op. cit.*, p. 51 et 33 : déjà dans son *Michelet*, ce « platonicien du plus vil », « unit indissolublement les deux causes, celle des Idées et celle des *qualia* »

93 Giorgio Agamben, *Gusto*, *op. cit.*, p. 21.

et d'un plaisir qui connaît. Le déchiffrement se transforme en chiffre du déchiffreur : comment rendre compte de la jouissance, de « ce véritable *époché*…, [cet] arrêt qui fige au loin toutes les valeurs admises, […] [cette] forme la plus perverse du démoniaque[94] » ? Ou : comment connaître, rendre raison, démontrer l'*époché* et l'arrêt, comment jouir de la connaissance, de la raison, de la démonstration des valeurs admises ? Ou encore, pour pousser les choses à l'extrême, obliquement : si mon texte est mon corps retrouvé tel qu'il est et non pas ressuscité en toute sa splendeur, et s'il est abject, répugnant à toucher, comment rendre compte de la jouissance du lecteur qui lit (touche) ? La solution proposée par la tradition occidentale est le goût, cet « excédent de l'imagination sur l'intellect[95] » de Kant, notion esthétique capable de rendre compte de la plus-value du désir, « qu'on peut décrire uniquement par métaphore » dont le sens est « véritablement et proprement antimétaphysique ». Car elle « permet ce qui est, par définition, impossible : la connaissance de l'apparence sensible (du beau en tant que ce qui est le plus apparent) comme vérité et la perception de la vérité comme apparence et plaisir[96] ». Le goût plane sur la possibilité impossible de la littérature. La science du devenir sur lequel repose l'idée de la littérature, cette essence sans essence, cette attente d'événement lisible dans son illisibilité, cette mesure prise du plaisir, est, au fond, une science du goût, un goût-science acquis à coups d'essai d'écriture[97]. La science secrète du critique-augure (une autre tautologie ; le critique et l'augure font en effet la même chose, ils découpent, repartissent, choisissent, produisent et arrêtent le sens) est une science du goût.

Qu'est-ce que cette science du goût, ou ce goût-science ? « Qu'il y a la beauté, qu'il y a un excédent du phénomène par rapport à la science », poursuit Agamben, « cela équivaut à dire : il y a un savoir que le sujet ne sait pas mais peut seulement désirer, ou : c'est un sujet du désir (un φιλόσοφος) mais non un sujet de la connaissance (un σόφος). Toute la théorie de l'Eros chez Platon sert à communiquer ces deux sujets divisés. C'est pour cela que Platon a pu rapprocher le savoir de l'amour à la

94 Roland Barthes, *Le Plaisir du texte*, *op. cit.*, p. 102 / *OC IV*, p. 260.
95 Giorgio Agamben, *Gusto*, *op. cit.*, p. 39.
96 Giorgio Agamben, *Gusto*, *op. cit.*, p. 28.
97 Il ne s'agit nullement de la notion du goût de l'ancienne critique, ce « tourniquet commode entre le beau et le bien » bourgeois, « ensemble d'interdits » qui « est en fait un interdit de parole », analysée (et caricaturée) par Barthes dans *Critique et vérité*, *OC II*, p. 767-768.

divination, qui présuppose un savoir caché dans les signes, qui ne peut pas être su mais seulement reconnu : "ceci signifie cela" [...] sans qu'il y ait aucun sujet de ce savoir, ou aucune signification autre que la reconnaissance "il y a un signifiant" et "il y a la signification". La science-goût renvoie à la reconnaissance du sujet comme *neutre*, *ne-uter*, ni l'un ni l'autre car, ce que le devin sait c'est justement qu'il y a un savoir qu'il ne sait pas [...][98] ». Lointain descendant du δαίμων de Socrate, intermédiaire entre le savoir et l'ignorance, la mort et l'immortalité[99], ce savoir autre est le moyen entre le plaisir et la jouissance, la prose du monde et le monde de la poésie, la vie et l'événement. Le critique-augure, sujet du désir, qui se réserve (découpe), en draguant le lecteur, « un espace de jouissance » en disant « c'est cela la jouissance », sait qu'il y a une signification dans le signifiant de cet espace, il sait qu'il ne sait pas ce qu'elle est et ce qu'est cet espace, puisque la découpe est fictive et la jouissance imprévisible (comme le vol des oiseaux), quoique soumise à une dialectique du désir[100]. Cet espace de relève suspendue est le vrai ἄπορος : bouché, aporétique, et en même temps traversable. Il ressemble à la ceinture historiée de Colbrune dans *Le nom sur le bout de la langue*, gage du nom oublié, de l'anamnèse, à la fois objet et sujet, désir et jouissance, mort et vie, mot toujours déjà proféré et impossible à proférer.

Ceinture traduit le grec ζώνη, qui veut dire ceinture, voire espace circonscrit du corps, qui « n'est [...] pas *où* on écrit », ni « non plus *ce* qu'on écrit – mais toujours ce que l'écriture *excrit*[101] ». Cet espace du désir, cet *ex*, excès et excédent à la fois possible et impossible à cerner et découper, est la source de la mort et de la vie heureuse, où l'être-avec trace une suite d'hiéroglyphes nouveaux dans leur ancienneté, d'images bariolées dont « les dessins étaient si enchevêtrés, les fils qui les nouaient si fins, les couleurs si variés, que [Barthes] n'arrivait pas à faire quelque chose d'aussi parfait[102] ». *L'excriture*, la ζώνη ποικίλη, que l'Amour offre au δαιμόνιος ἀνήρ est historiée de citations, du « toujours-déjà-écrit[103] ». En la contemplant, l'homme démoniaque, fort de son art divinatoire, reconnaît son désir de la réserve de signes (qui le fait lire et oublier)

98 Giorgio Agamben, *Gusto*, *op. cit.*, p. 42.
99 *Le Banquet*, 202e-203a.
100 *Cf. Le Plaisir du texte*, *op. cit.*, p. 11 / *OC IV*, p. 220.
101 Jean-Luc Nancy, *Corpus*, Métailié. Sciences humaines, Paris, 2000, p. 76.
102 Pascal Quignard, *Le nom sur le bout de la langue*, *op. cit.*, p. 23.
103 *Le Banquet*, 203a ; Marty, *Roland Barthes*, *Le métier d'écrire*, *op. cit.*, p. 232 et 233.

dans le signe de la réserve du désir (qui le fait écrire et se souvenir). Reconnaître cette « énigme fascinante et funèbre » du « point le plus brûlant au point le plus abstrait », c'est tout ce qu'il peut, et c'est ce rien qu'il s'efforce de dire. Effort vain, piètre consolation : « le désir, c'est la déception de l'augure[104] ».

Nenad Ivić
Université de Zagreb

104 Roland Barthes, « Sur la photographie », *OC V*, p. 934 ; *Journal de deuil*, *op. cit.*, p. 47. Jean-François Lyotard, *Pourquoi philosopher ?*, PUF, Paris, 2012, p. 65.

ÉCRILECTURE SELON ET CHEZ BARTHES

> De doctrine sur la lecture, je n'en ai pas…

Comment lire – Roland Barthes ?

Posée, écrite et lue à la manière de Derrida interrogeant et jugeant Lyotard sur le jugement, cette question « peut avoir les significations et les effets les plus hétérogènes[1] » – selon les données dites pragmatiques, selon sa situation particulière, son contexte réel ou ses destinataires actuels. Elle peut en effet être entendue comme une question *posée par* Roland Barthes aussi bien que comme une question *adressée à* Roland Barthes ; elle peut faire de Barthes l'auteur de la question mais elle peut aussi faire de lui l'objet lu plutôt que le sujet lisant. De surcroît, on sait qu'un texte de Roland Barthes laisse rarement son lecteur indifférent. C'est donc son texte même qui pose des questions et à qui des questions sont posées par les lecteurs.

En répondant à la fois à la question « Comment lire ? » et compte tenu du codage de cette question par le nom de « Roland Barthes », on essaiera de montrer ici que la lecture chez Barthes est indissociable de l'écriture – et vice versa. Il s'agit, plus précisément, d'un renversement, d'une réponse réciproque inventant chaque fois sa forme. Cette différance constitutive renvoie à une identité sensible qui est à la fois un écart hanté par les règles – qu'on nommera ici *écrilecture.*

Certainement, la connexion entre écriture et lecture est un vieux problème. La contribution de Barthes consiste précisément dans […] un

1 Jacques Derrida, « *Préjugés* – devant la loi », dans J.-F. Lyotard *et al.*, *La Faculté de juger*, Minuit, Paris, 1985, p. 87.

nouveau regard jeté sur celui-ci. En bref, on peut l'aborder par deux voies d'interrogation classiques : d'une part, en envisageant l'écriture comme lecture, ce qui renvoie à la problématique du genre considéré comme obéissance aux règles – on écrit ce qu'on a lu, plus ou moins – et, d'autre part, en envisageant la lecture comme écriture – c'est-à-dire comme commentaire. Il est très important de souligner qu'en général, dans le premier cas comme dans le dernier, une distinction nette est maintenue entre les deux opérations. Chez Barthes, par contre, l'une est constitutivement liée à l'autre : la lecture n'est que le supplément de l'écriture, de même que l'écriture n'est que le supplément de la lecture. Il faut bien entendre combien la position de Barthes diffère de toute position classique quelle qu'elle soit – car cette attitude n'est certainement pas limitée à l'époque classique mais, pour ainsi dire, persiste dans son erreur même aujourd'hui – et surtout combien son expérience à lui en est éloignée.

Ce n'est pas pour rien que Barthes écrit dans son livre programmatique *Critique et vérité* : « Rien n'est plus essentiel à une société que le *classement* de ses langages[2] ». Combattre les classements autorisés par des classements incessants, par le travail ou la production des classements – c'est son programme, s'il en a un. Selon Michel Charles, la subversion du classement des langages peut être menée dans trois directions correspondant plus ou moins à trois fonctions : celles du législateur, de « l'intellectuel » – et du lecteur. Le première peut utiliser son pouvoir « pour déplacer et non pour ranger, pour aménager des rencontres insolites (opération proprement critique) ». La deuxième, dans ses activités diverses, « peut brouiller les frontières dans sa propre production (opération discursive) ». La troisième est décisive, elle concerne la lecture : c'est dans le cas du lecteur que « *classer* renvoie à *être classé*[3] ». En tentant de subvertir des classements (autrement dit, des interprétations fixes de toutes sortes), Barthes, dans tout ce qu'il fait, recourt aux changements du style, de la forme et de la manière de faire.

Quant au terme *écrilecture*, Alain Vuillemin, par exemple, l'a déjà proposé pour désigner « les nouveaux modes de fusion des actes de l'écriture et de la lecture que l'on a découverts[4] ». Il s'agit, bien sûr, du point de

2 Roland Barthes, *Critique et vérité*, Paris, Seuil, 1966, p. 45 / *OC II*, p. 781.

3 Michel Charles, « L'amour de la littérature », *Poétique*, n° 47, septembre 1981, p. 373-374.

4 Xavier Malbreil, « Pour une méthodologie d'approche critique des œuvres de littérature informatique », *RiLUnE*, 7/2006, n. 5, p. 133-148.

vue selon lequel l'arrivée du numérique constitue une transformation majeure dans l'histoire de l'écriture, similaire par son importance à celle qui a vu le parchemin et le papier remplacer la pierre et la cire afin de permettre la portabilité des documents et l'autonomisation de l'écrit. Dans cette perspective, il s'agit, selon nous, de la mise en place progressive de nouvelles stratégies de lecture et d'écriture. Liées plus que jamais l'une à l'autre, la lecture et l'écriture deviennent l'*hypertexte*, considéré comme un système cognitif réticulaire. On fait de l'*hypertexte* le principe organisateur du nouveau medium, du nouvel espace écrit, opposé à l'espace du livre imprimé. Les différences sont bien connues : norme séquentielle et linéaire contre norme non séquentielle, appelée hypertextuelle ; structure habillée typographiquement contre structure mise à nu ; fixité de la forme contre sa fluidité et sa malléabilité ; texte limité et unitaire contre texte illimité et presque indéterminé ; principe d'un bon parcours de lecture contre ouverture à des parcours multiples de lecture ; supériorité de l'auteur contre intervention et primauté du lecteur.

Alors qu'auparavant on parlait de mutation *lire-écrire*[5], on parle désormais de l'*écrilecture*, marquant par là que les deux activités sont devenues consubstantielles. L'action sur le texte peut être périphérique lorsqu'il s'agit d'apporter des annotations, ou bien fondatrice dès lors que, numérisé, le texte devient manipulable, interrogeable ; elle devient enfin créatrice quand l'ordinateur est au service de l'extraction des aspects méconnus d'un texte, lorsqu'il devient possible de « décomposer les éléments qui le constituent et d'en découvrir la nature intime pour mieux en apprécier les significations et la portée[6] ». Plus généralement, il s'agit de ménager pour le lecteur une place propice à l'épanouissement de ses activités et d'appréhender un ensemble de textes fortement solidaires, ce que Roger Laufer et Domenico Scavetta appellent un *architexte*[7]. Son rôle changé, le lecteur, libéré des contraintes de l'intangibilité du texte, prend en charge l'existence et de la forme d'une œuvre virtuelle.

---

5 Voir J. Anis et J.-L. Lebrave, « Texte et ordinateur : les mutations du Lire-Écrire », dans *Actes du colloque interdisciplinaire* tenu à l'université Paris X Nanterre 6-7 juin 1990, Centre de recherches linguistiques, Nanterre, 1993, p. 100.

6 Alain Vuillemin, « La lecture informatique et l'écrilecture », dans A. Vuillemin et M. Lenoble, *Littérature, informatique, lecture*, Presses Universitaires de Limoges, Limoges, 1999, p. 106.

7 Voir Roger Laufer et Domenico Scavetta, *Texte, hypertexte, hypermédia*, PUF, Paris, 1995.

Rien de neuf dans cette nouvelle *prééminence du lecteur* pour les lecteurs connaisseurs de Barthes. Selon sa formule bien marquante : « Est écrivain celui pour qui le langage fait problème, qui en éprouve la profondeur, non l'instrumentalité ou la beauté[8] ». Les textes sémiologiques de Barthes – et ils le sont tous, selon Julia Kristeva dont la lecture de Barthes demeure valable, « si l'on veut garder le terme pour designer non pas une formalisation, mais une recherche des lois dialectiques de la signifiance » – imposent avant tout une « *désubstantification* de l'idéalité signifiante ». C'est-à-dire que la portée de ces textes est d'abord négative : « pas de sémiologie qui finalement ne s'assume comme une sémioclastie[9] ».

« Désubstantifié, ou plutôt désidéalisé, le langage devient la frontière du subjectif et de l'objectif, du symbolique et du réel » ; il devient la limite matérielle sur laquelle s'opère la constitution dialectique de l'un et de l'autre : « Le langage fonctionne comme une négativité, la limite initiale du possible[10] ». Comme Giorgio Agamben après lui et Mallarmé auparavant – tous les deux bien sûr dans la foulée de Hegel – Barthes considère le langage comme négativité (entre parenthèses, cela ne contredit nullement son structuralisme). Non pas à cause d'une préférence philosophique (quelle qu'elle soit), mais en raison de l'objet même de son enquête, c'est-à-dire de la littérature, celle-ci étant pour lui à la fois expérience et preuve de la négativité propre à l'opération linguistique. Sur ce point, Lyotard est en plein accord : « Nul ne sait écrire. Chacun, le plus "grand" surtout, écrit pour attraper par et dans le texte quelque chose qu'il ne sait pas écrire. Qui ne se laissera pas écrire, il le sait. Baptisons cette chose *infantia*, ce qui ne parle pas, ne se parle pas[11] ».

Dans « De l'œuvre au texte » Barthes fournit un répertoire des endroits *traversés* dans le trajet de lecture, proposant presque un mode d'emploi pour la lecture. Celle-ci est, pour lui, avant tout un mouvement et ce mouvement est toujours fortuit. Fondamentalement, il n'est pas « computable[12] ». Aucune indication n'est fournie, pas même une table des matières. En particulier, la technique n'y figure pas à titre de

8 Roland Barthes, *Critique et vérité*, *op. cit.*, p. 46 / *OC II*, p. 781-782.
9 Roland Barthes, *Mythologies*, Seuil, Paris, 1957, p. 8 / *OC I*, p. 673.
10 Roland Barthes, *Le Degré zéro de l'écriture*, Seuil, Paris 1953, p. 14 / *OC I*, p. 179.
11 Jean-François Lyotard, *Lectures d'enfance*, Galilée, Paris, 1991, p. 9.
12 Roland Barthes, « De l'œuvre au texte », dans *Le bruissement de la langue : Essais critiques IV*, Seuil, Paris, 1984, p. 72 / *OC III*, p. 909.

référence, étant donné que Barthes évite tout modèle de correspondance entre texte et technique, en contraste flagrant avec les approches qui reposent sur les concepts de « support » et de « technique » utilisés non seulement comme des critères essentiels, mais aussi comme principe d'arrangement de cette dichotomie. En d'autres termes, l'opposition entre œuvre et texte ne peut nullement être arrangée, remaniée, ou réduite à un de ces binaires habituels dont, en toute probabilité, on peut retrouver la source chez Marshall McLuhan : oral/écrit, manuscrit/imprimé, écrit/audiovisuel, livre/hypertexte. Il s'agit tout simplement de différentes façons de faire – c'est-à-dire de lire.

Si « le lecteur est l'espace même où s'inscrivent, sans qu'aucune ne se perde, toutes les citations dont est faite une écriture ; [si] l'unité d'un texte n'est pas dans son origine mais dans sa destination[13] », c'est parce que Barthes veut penser ensemble le texte et la lecture. La lecture de texte n'étant qu'« *un travail, une production*[14] », c'est précisément au lecteur que revient l'actualisation des sens divers. La lecture, selon Barthes, est un acte dans lequel l'auteur – en mourant – laisse sa place au lecteur afin que le texte soit actualisé pleinement dans chaque lecture :

> En France, Mallarmé, sans doute le premier, a vu et prévu dans toute son ampleur la nécessite de substituer le langage lui-même à celui qui jusque-là était censé en être le propriétaire ; pour lui, comme pour nous, c'est le langage qui parle, ce n'est pas l'auteur : écrire, c'est, à travers une impersonnalité préalable – que l'on ne saurait à aucun moment confondre avec l'objectivité castratrice du romancier réaliste –, atteindre ce point où seul le langage agit, « performe », et non « moi » : toute la poétique de Mallarmé consiste à supprimer l'auteur au profit de l'écriture (ce qui est, comme on le verra, rendre sa place au lecteur)[15].

« Rendre sa place au lecteur », c'est-à-dire rendre chaque texte *scriptible*, suivant la nomenclature proposée ensuite par Barthes dans *S/Z*. Par la mort de l'auteur, Barthes cherche à écarter la lecture passive et consommatrice et orienter complètement le texte vers le côté de sa lecture, de ce qui en lui s'arrange en lisant, tout en échappant à son contexte original.

---

13 Roland Barthes, « La mort de l'auteur », dans *Le bruissement de la langue*, *op. cit.*, p. 69 / *OC III*, p. 45.

14 Roland Barthes, « De l'œuvre au texte », *op. cit.*, p. 73 / *OC III*, p. 910.

15 Roland Barthes, « La mort de l'auteur », *op. cit.*, p. 64-65 / *OC III*, p. 41.

Cependant – et contrairement aux idées reçues – le projet de Barthes est fortement historisant, parce que, comme nous le rappelle Kristeva, l'histoire pour Barthes « est indissociable d'une réorganisation en profondeur du processus de la signification[16] » à travers lequel elle devient lisible : « L'histoire est alors devant l'écrivain comme l'avènement d'une option nécessaire entre plusieurs morales de langage : elle oblige à signifier la littérature selon des possibles dont il n'est pas le maître[17] ». À juste titre, Kristeva remarque que c'est l'expérience esthétique qui nous livre cette « nécessité obligatoire, mais non maîtrisable, qui commande *le signifier*[18] ». C'est ici, peut-être, que Barthes a fait sa contribution la plus originale : « Le structuralisme ne retire pas au monde l'histoire : il cherche à lier à l'histoire non seulement des contenus (cela a été fait mille fois), mais aussi des formes, non seulement le matériel, mais aussi l'intelligible, non seulement l'idéologique, mais aussi l'esthétique[19] ».

C'est en raison de cela que l'écriture n'est ni la langue ni le style, mais l'opération qui met en question et en jeu l'une et l'autre. Comme l'écrit Barthes lui-même :

> La langue est donc en deçà de la Littérature. Le style est presque au-delà [...], le style a toujours quelque chose de brut : il est une forme sans destination, il est le produit d'une poussée, non d'une intention, il est comme une dimension verticale et solitaire de la pensée. [...] le style est proprement un phénomène d'ordre germinatif, il est la transmutation d'une Humeur.

Pour faire court : « Aussi le style est-il toujours un secret[20] ». L'autre formule dont il est nécessaire de se souvenir ici : « Le texte est d'emblée, en naissant, multilingue[21] ». Il s'agit de trouver un lieu pour l'écriture qui n'est ni « l'horizon de la langue, ni la verticalité du style ». La langue, donc, est l'horizon et le style une verticalité qui le traverse. En fait, c'est dans la *traversée* de la langue et du style que Barthes veut situer l'écriture,

---

16 Julia Kristeva, « Roland Barthes et l'écriture comme démystification », dans *Sens et non-sens de la révolte : pouvoirs et limites de la psychanalyse*, Fayard / Livre de poche, Paris, 1996, p. 320.

17 Roland Barthes, *Le Degré zéro de l'écriture*, *op. cit.*, p. 8 / *OC, I*, p. 171.

18 Julia Kristeva, « Roland Barthes et l'écriture comme démystification », *op. cit.*, p. 320.

19 Roland Barthes, « L'activité structuraliste », dans *Essais critiques*, Seuil, Paris, 1964, p. 219 / *OC III*, p. 472.

20 Roland Barthes, *Le Degré zéro de l'écriture*, *op. cit.*, p. 12-13 / *OC I*, p. 178.

21 Roland Barthes, *S/Z*, Seuil, Paris, 1970, p. 126-127 / *OC III*, p. 218.

comme épreuve d'une autre réalité et d'une autre histoire, pourtant non moins réelle et historique : « Langue et style sont des forces aveugles ; l'écriture est un acte de solidarité historique[22] ».

Même si chaque nouveau support d'information remet en cause les circuits de signification, de production, aussi bien que ceux de distribution et conservation, et finalement (ou premièrement) de légitimation, même si sa nouveauté exige de nouveaux modes de lecture et d'appréhension des savoirs, et suscite de nouvelles formes de sélection et de mémorisation des informations, il y a quelque chose qui reste en-deçà de cette logique progressiste – et précisément à cause de l'opération d'invention qui lui est constitutive. Il s'agit de la littérature, ou, plus précisément, de la littérature moderne. Auparavant, les lectures pouvaient certes être divisées ou contradictoires, mais elles n'étaient pas dispersées et encore moins disséminées. Les expériences perturbatrices d'écriture moderne sont attribuables justement à son inquiétante étrangeté en ce qui concerne la pratique de lecture. La totalisation des éclats du sens n'a plus de lieu homogène, de principe centralisateur et unifiant ; elle n'opère plus dans ou pour le sujet. Elle est, au contraire, confiée à autrui.

Dans son sens moderne, la littérature est par essence paradoxale, car elle est ce qui ne peut pas être réduit à aucun contexte ou à aucune définition. C'est précisément pour cela qu'elle s'actualise toujours de nouveau dans les lectures. Inévitablement, au long des lectures, quelque chose toujours finit par rester (grâce aux déplacements perpétuels) ou manquer (il y a de plus en plus à lire et à écrire). C'est dans ces restes et dans ces manques que la littérature rejoint la définition de la critique comme ironie : le critique selon Barthes peut « développer ce qui manque précisément à la science et que l'on pourrait appeler d'un mot : l'ironie [...]. L'ironie n'est rien d'autre que la question posée au langage par le langage[23] ». Autrement dit, la question posée par la littérature moderne. Compte tenu que toute leçon dérive de la *lectio*, étroitement liée à la *lex*, il est impératif de maintenir le principe de non recouvrement de la lecture par l'écrit.

C'est pourquoi ni la théorie de l'écriture, ni celle de la lecture, ne peut être formulée en général, une fois pour toutes : parler du rapport

22 Roland Barthes, *Le Degré zéro de l'écriture*, *op. cit.*, p. 14 / *OC I*, p. 179.
23 Roland Barthes, *Critique et vérité*, *op. cit.*, p. 74 / *OC II*, p. 798.

à la théorie n'a de sens ou d'impact qu'à partir d'une pratique, ce qui revient à dire que le rapport à la théorie change de valeur, et même considérablement, d'une lecture à l'autre. Dans sa lecture de l'écriture fragmentaire barthésienne, Ginette Michaud affirme que « les liens qui passent entre interprétation et théorie dans son travail analytique ne sont pas organisés conformément à un ordre hiérarchique, irréversible, fixé une fois pour toutes[24] ». L'interprétation n'est pas plus simple que la théorie ; de même, la théorie n'est pas plus compliquée que l'interprétation. « Il s'agit plutôt d'un mouvement circulaire, qui va de l'interprétation à la théorie (ou à des théorisations) et qui y retourne ». Écrire, c'est poser des questions prises pour résolues ; lire, rencontrer les questions qui n'ont pas encore reçu de réponse. Les fragments – et une œuvre littéraire n'est-elle pas un fragment d'une totalité inexistante ? – remettent en question la base même de la théorie, même la plus rigoureuse, parce qu'il n'y a pas d'explication qui puisse venir à bout des fragments. La théorie reconnaît « ici un certain absolu de la limite, en même temps que l'absolu comme *sa* limite[25] ». On ne peut pas saisir la fonction de la théorie dans la littérature dans l'espoir de faire d'elle le facteur de la vérité certaine ou du dogme ; comme si la théorie était un ensemble de propositions, reliées mutuellement, qui donnent au lecteur le droit de répondre univoquement à un ensemble de questions proposées par la littérature. Dans les faits, ni l'une ni l'autre ne peuvent être réduites à une définition. C'est Blanchot qui a noté que « par le fragmentaire, écrire, lire, changent de fonction[26] ». Quand on lit des textes fragmentaires, on finit par reconstituer précisément ce que la structure de fragment devrait rompre : la linéarité et la totalité. « Ce n'est donc pas tout à fait un hasard », selon Michaud, « si, pénétrant à l'intérieur du 'cercle des fragments', le lecteur est attiré par une certaine circularité (centripète) du texte fragmentaire qui l'amène à refaire sans cesse les mêmes circuits ou les mêmes associations, plus ou moins libres, entre les fragments[27] ». Il en va de même pour les œuvres littéraires comme pour les théories de la littérature dans le véritable sens du terme. Le texte étant pluriel,

24 Ginette Michaud, *Lire le fragment : transfert et théorie de la lecture chez Roland Barthes*, Hurtubise HMH, Montréal, 1989, p. 77.

25 Ginette Michaud, *op. cit.*, p. 78.

26 Maurice Blanchot, *La Pas au-delà*, Gallimard, Paris, 1973, p. 73.

27 Ginette Michaud, *op. cit.*, p. 126.

une « galaxie de signifiants, non une structure de signifiés[28] », chaque lecture s'avère nécessairement fragmentaire.

Autrement dit, comment expliquer qu'une œuvre littéraire est à la fois singulière, irrévocablement unique, et universellement lisible, destinée à la fois à personne et à tout un chacun ? Barthes fournit l'explication : « L'écriture n'est pas la communication d'un message qui partirait de l'auteur et irait au lecteur ; elle est spécifiquement la voix même de la lecture : dans le texte, seul parle le lecteur[29] ». En d'autres termes, c'est le lecteur, soit quiconque, qui écrit. Mais, écrire, qu'est-ce que cela veut dire ? Est-ce que cela veut *dire* quelque chose ? Et si cela veut dire quelque chose, n'est-ce pas précisément pour empêcher qu'on écrive ? C'est Blanchot, comme Lyotard nous le rappelle dans ses *Lectures d'enfance*, qui également « écrivait : *Noli me legere*, tu ne me liras point. Ce qui ne se laisse pas écrire, dans l'écrit, appelle peut-être un lecteur qui ne sait plus ou pas encore lire : vieilles gens, enfants de la Maternelle, radotant sur leur livre ouvert[30] ». Seuls peuvent vraiment lire les lecteurs ignorants des règles de la lecture ; la seule écriture vraie est celle qui méconnaît les genres d'écriture.

Vu que dans la lecture (non seulement littéraire, mais tout type de lecture rendu possible par elle) il est inlassablement question d'éviter la « plénitude d'une langue fermée », c'est par cette voie qu'on entre dans le politique. Car, comme Barthes l'écrit dans *Sade, Fourier, Loyola* : « Rendu à la signification, le vide divin ne peut plus menacer, altérer ou décentrer la plénitude attachée à toute langue fermée[31] ». Il faut infatigablement excéder, déplacer et invertir le sens du texte pour écrire aussi bien que pour lire, puisque l'écriture « est toujours enracinée dans un au-delà du langage, elle se développe comme un *germe* et *non comme une ligne*, elle manifeste une essence et menace d'un secret, elle est une *contre-communication*, elle intimide ». Dans la littérature, « l'unité des signes est sans cesse fascinée par des zones d'infra ou d'ultra langage[32] ». C'est grâce à cette fascination qu'on échappe au fascisme. La dimension politique de cette visée est précisée par Kristeva, qui insiste sur le fait que

28 Roland Barthes, *S/Z*, *op. cit.*, p. 12 / *OC III*, p. 123.
29 Roland Barthes, *S/Z*, *op. cit.*, p. 157 / *OC III*, p. 245.
30 Jean-François Lyotard, *Lectures d'enfance*, *op. cit.*, p. 9.
31 Roland Barthes, *Sade, Fourier, Loyola*, *op. cit.*, p. 80.
32 Roland Barthes, *Le Degré zéro de l'écriture*, *op. cit.*, p. 19 / *OC I*, *op. cit.*, p. 184.

ces lignes du *Degré zéro de l'écriture* « deviendront la méthode d'analyse qui sera appliquée en 1969 dans *S/Z*[33] » : « si vous avez la possibilité d'inscrire le vide dans la langue, vous échappez aussi bien à la croyance qu'au mutisme, *pour faire corps avec l'inépuisable créativité du Logos*[34] ».

Tomislav BRLEK
Université de Zagreb

33 Julia Kristeva, « Roland Barthes et l'écriture comme démystification », *op. cit.*, p. 302.
34 Julia Kristeva, « La voix de Barthes », conférence donnée à *Roland Barthes, résolument moderne*, une soirée d'hommage à Roland Barthes organisée par le Centre Roland-Barthes à l'ENS le 18 novembre 2008 ; http://www.kristeva.fr/barthes.html

LE JEUNE HOMME ET LA MORT : BARTHES ET LA CRÉATION

« Comme le vaisseau Argo qui gardait toujours le même nom bien que toutes les pièces en eussent été changées peu à peu, la littérature n'est au fond que le nom stable d'une fuite incessante de concepts, de formes, d'expérience[1] » écrit Roland Barthes : vaine et indispensable à la fois, la littérature est un concept non seulement variable mais délibérément contradictoire. Par delà ce discours sur la relativité de la littérature dans la longue durée anthropologique proposée par Barthes, la métaphore du vaisseau Argo définit bien les propres contradictions barthésiennes, contradictions tout à fait assumées, mais que j'avais pour autant du mal à comprendre. Pour vous les faire partager, je voudrais partir d'un texte de 1969 (époque de transition entre les deux Barthes ? Je ne sais pas) sur lequel j'avais déjà travaillée parce que j'y trouve la plus formidable expression de « incompossibles » barthésiens dans sa définition et son interprétation du fait littéraire : la réponse faite en 1969 au *Corriere de la serra* qui demandait à Barthes « à quoi sert l'écriture ? » (l'écriture est, on le sait, un quasi-synonyme de « littérature » chez Barthes, qui emploie indifféremment ou presque les deux termes). La voici :

> *Je puis seulement énumérer les raisons pour lesquelles j'imagine écrire :*
>
> 1. *pour un besoin de plaisir, qui, on le sait bien, n'est pas sans rapport avec l'enchantement érotique ;*
> 2. *parce que l'écriture décentre la parole, l'individu, la personne, accomplit un travail dont l'origine est indiscernable ;*
> 3. *Pour mettre en œuvre un « don », satisfaire une activité distinctive, opérer une différence ;*
> 4. *pour être reconnu, gratifié, aimé, contesté, constaté ;*
> 5. *pour remplir des tâches idéologiques ou contre-idéologiques ;*
> 6. *pour obéir aux injonctions d'une idéologie secrète, d'une distribution combattante, d'une* évaluation *permanente ;*
> 7. *pour satisfaire ses amis, irriter ses ennemis ;*

1 Roland Barthes, *Essais critiques*, *OC II*, *op. cit.*, p. 278.

8. *pour contribuer à fissurer le système symbolique de notre société ;*
9. *pour produire des sens nouveaux, c'est-à-dire des forces nouvelles, s'emparer des choses d'une façon nouvelle, ébranler et changer la subjugation des sens ;*
10. *enfin, comme il résulte de la multiplicité et de la contradiction délibérées de ces raisons, pour déjouer l'idée, l'idole, le fétiche de la Détermination Unique, de la Cause (causalité et « bonne cause »), et accréditer ainsi la valeur supérieure d'une activité pluraliste, sans causalité, finalité ni généralité, comme l'est le texte lui-même*[2].

Essayons maintenant de mieux comprendre les réponses, délibérément contradictoires, données par Roland Barthes :

I. « Par où commencer ? » : commençons par la dernière des propositions barthésiennes, déterminante dès que nous ouvrons un texte de l'auteur du *Degré Zéro de l'écriture*, au moins par rapport à des siècles de glose critique confiante dans ses pouvoirs d'élucidation herméneutique et de fixation pédagogique. C'est celle d'un soupçon, d'une méfiance, d'un refus : la littérature, cela sert doit servir *contre* l'idée de Littérature, la lecture doit servir contre la lecture (Barthes parle de « contre-lisible[3] »), l'écriture contre l'écriture (Barthes parle d'une « contre-communication ». Si l'on regarde de près cette offensive, on y perçoit moins un refus de la littérature bourgeoise (comme un système qui reproduit et garantit les valeurs) qu'une défiance à l'égard du langage dont l'ampleur philosophique n'a pas que peu d'égal en dehors des attaques de Platon ou de Nietzsche contre le langage littéraire. J'en rappelle l'argument : le langage est un véhicule d'ordre, subséquemment, tout usage du langage est la reconduction d'une oppression (sa « grégarité[4] ») parce que le langage « nous oblige à parler malgré nous » – toute énonciation est un fascisme, selon une formule célèbre, parce qu'elle est une attribution inégale d'autorité. Si la littérature est en cause, c'est parce qu'elle est un langage du langage ou une supraorganisation que l'on doit déconstruire pour faire parler le texte. Tout cela est bien connu, comme les conséquences qu'en tire Barthes : la nécessité d'une démythification, d'une démystification (le démontage du réalisme), voire d'un retournement des textes contre leurs buts (par exemple, utiliser les logothètes de Sade, Fourrier ou Loyola pour leur faire dire le contraire de ce qu'elle disent et en faire « l'index de notre dépouvoir »).

---

2 Roland Barthes, « Dix raisons d'écrire », *Corriere della sera*, 29 mai 1969 / *OC III*, p. 100-101.
3 *Ibid.*, p. 100.
4 Vincent Jouve, *La littérature selon Barthes*, Paris, Éditions de Minuit, 1986, p. 84 *sq.*

Ici, Barthes veut jouer l'instrumentalisation contre l'instrumentalisation. Comment ? en s'appuyant sur l'instabilité herméneutique propre au texte littéraire, qui se disperse et échappe à toute discours de maîtrise, Barthes propose de soumettre le texte à la « bathmologie », c'est-à-dire à une technique d'élucidation par renversement dialectique des valeurs et des idées littéraires. Si la littérature gagne une fonction critique, ce n'est donc pas en misant sur la représentation (comme les romanciers marxistes qui refont du Balzac et dont Barthes se moque dans *Le Degré zéro de l'écriture*), mais sur la fragilité épistémique et axiologique de ces sommes souvent contradictoire de textes et de sous-textes qui sont les œuvres. Par une sorte de ruse linguistique, le langage, dès qu'il s'accumule et s'expose, crée de l'entropie. Certes, le roman est un dispositif d'aliénation et de légitimation de l'ordre de la société bourgeoise, certes, il amplifie les pouvoirs oppresseurs de cette « cochonnerie » du langage qui dresse un horizon factice de réel. Mais le roman « s'en sort » à partir du XIXe par ce que Barthes nomme dans *Le Degré zéro de l'écriture* la « flaubertisation » de l'écriture, c'est-à-dire la fabrication d'une forme qui devient un but, jusqu'à s'autodétruire dans l'écriture blanche. Bien lue, « la littérature délivre sans cesse une critique des discours[5] ».

Bref : la littérature sert à confronter le langage à ses propres dangers, mission qu'il est dévolu à la critique, ou simplement à la lecture, d'accompagner ou de précéder.

II. Deuxième réponse, que laisse lire « la multiplicité et le désordre » des arguments barthésiens : la littérature, en soi, cela ne sert à rien, ou du moins à rien que l'on puisse prédire et déterminer. C'est l'idée d'une absence de finalité et de fonctionnalité du littéraire. Ce scepticisme s'appuie sur toute une série d'arguments : la conception kantienne d'un art qui se définit comme une finalité sans fin, l'idée structuraliste d'une irresponsabilité du texte individuel et de l'auteur face à la superstructure, le textualisme, c'est-à-dire une vision de la dynamique textuelle empruntée à Julia Kristeva, qui interdit de penser l'idée même de transitivité du littéraire en emprisonnant l'œuvre dans un horizon intertextuel. La logique « pluraliste » du texte serait imprévisible, individuelle, non reproductible, et relève de la *mathesis singularis*. Barthes,

5 Roland Barthes, *La Préparation du roman*, édition Nathalie Léger, Paris, Seuil, 2003, p. 376.

proche ici de Derrida autant que de l'école de *Tel Quel*, dénie en somme que la littérature puisse stabiliser une représentation, viser un sens ou, du moins, atteindre ce qu'elle vise.

D'où l'envie de chercher ailleurs des représentations possédant force d'explication (c'est l'aventure sémiologique). D'où aussi un rapport de nostalgie essentialiste à ce que l'on pourrait appeler « l'ancienne littérature », centrale mais désuète, d'avant l'art pour l'art. Ce rapport s'explicite dans les derniers textes : dans *La préparation du roman*, Barthes décrira ainsi « la littérature » : « il ne s'agit que d'une initiation – déception ? Impuissance[6] ? », mais on le reconnaîtra dès les premiers textes de Barthes, ce qui en démontre le caractère central. Dans un texte de jeunesse, daté de 1953 intitulé « Pouvoirs de la tragédie antique », Barthes procède à un long démontage des pouvoirs attribuée par la tradition aristotélicienne à la tragédie grecque : sa transposition dans le monde est impossible car les pouvoirs civiques de la tragédie grecque ne sont que le miroir d'une société et ne sauraient sortir de leurs limites historiques ; plus important encore, les conditions de possibilité qui permettaient à la purification tragique d'opérer ne sont plus réunies : le sens du rituel collectif ne se retrouve plus (ou seulement dans le sport), la psychologie de l'individu rend impossible la projection organique de la communauté dans le Chœur (Barthes n'exempte de sa désillusion que la « réflexion précautionneuse », « totalement responsable » du vieux Roi des *Suppliantes*[7]) ; en somme, l'homme moderne ne sait plus pleurer, ne peut plus pleurer, ce précisément qu'il devra réapprendre dans la *Vita Nova*. C'est toute la théorie de la catharsis aristotélicienne qui est réfutée : nous devrons nous confronter à l'absence de transcendance du langage, face à son autarcie mystérieuse, c'est-à-dire, pour reprendre les mots de Barthes dans son entretien avec le *Corriere della sera*, faire face « à un travail dont l'origine est indiscernable[8] ». La littérature, cela sert à dire le mystère de notre présence au monde.

III. Troisième réponse, la plus évidente à l'égard de l'image que l'on se fait communément de l'héritage barthésien : la littérature est une source de plaisir. S'il elle ne produit pas de sens, pas d'auteur,

6 *Id.*, p. 384 : « solitude et pauvreté de l'Entêtement ».

7 Roland Barthes, « Pouvoirs de la tragédie antique », *OC I*, *op. cit.*, p. 266.

8 Roland Barthes, « Dix raisons d'écrire », *OC III*, *op. cit.*, p. 100.

pas de représentation (pour Barthes dans *Le plaisir du texte*, elle se contente d'ombres d'idéologie, de représentations, de fantômes de sujets[9]) elle se consomme. Je ne vais pas revenir sur les ambiguïtés de cette conception explicitement bourgeoise des fonctions de la littérature, individualiste, pragmatique et désillusionnée, qui ne donne plus lieu à des systèmes théoriques, mais à des jeux de cache-cache et de reconnaissance. Ce plaisir du texte, produit non seulement une délectation intertextuelle englobante et maternelle[10], un « savoir d'amateur » fait son délice du signifiant autant que du signifié. Elle cherche le « bruissement des formes et des motifs », mais aussi et surtout une surprise du monde, apte à déréaliser et à court-circuiter les représentations admises dans une jouissance, inattendue mais corporellement heuristique. La littérature, cela sert à jouir.

IV. Quatrième réponse, qui est une reformulation éthique de la jouissance individuelle et une forme originale d'épicurisme : la littérature, cela sert à vivre. Pour Barthes, les sentiments, les idées, les attitudes, relèvent d'une médiocrité et d'une banalité que seule la littérature peut colorer. Si « la littérature ne sert pas à marcher, elle sert à respirer[11] », c'est que les souffrances humaines comme ses joies sont semblables au vaisseau Argo, objet structural dont on peut tout changer sans rien changer. Barthes en appelle alors à la littérature pour en renouveler les stéréotypes, pour les moduler. Le texte se voudra conquête d'une nouveauté, d'un retard, d'une déviation dans l'expression. Selon une comparaison de la préface des *Essais critiques*[12], la littérature est cette lettre de condoléance, dont les lieux sont toujours identiques, et qui ne trouvera sens parce que les contenus attendus en seront renouvelés, et qui ne trouvera authenticité que parce qu'elle fera entendre la corporalité d'un style, c'est-à-dire d'un auteur et d'une personne derrière un auteur, voix et visage supposés qui deviennent *in fine* pour Barthes aussi important que le texte contemplé.

« À quoi sert [la littérature] ? » récapitule Barthes dans sa sublime préface à la sublime *Vie de Rancé* après s'être étonné de la « puissance [du] langage inutile » déployé par Chateaubriand pour se consoler de

9 *Cf.* Roland Barthes, *Le Plaisir du texte*, Seuil, Paris 1973, p. 53 / *OC IV*, *op. cit.*, p. 238.

10 Qui font dire à Barthes retrouvant dans Proust un détail stendhalien (par un hasard) « le livre fait le sens, le sens fait la vie » : *Le Plaisir du texte*, *op. cit.*, p. 59 / *OC IV*, *op. cit.*, p. 241.

11 Cité par Vincent Jouve, *La littérature selon Barthes*, *op. cit.*, p. 90.

12 Roland Barthes, *Essais critiques*, *op. cit.*, *OC II*, p. 276.

ce que Barthes appelle « la manie poisseuse de souffrir », « À quoi sert de dire chat jaune au lieu de chat perdu ? d'appeler la vieillesse voyageuse de nuit ? de parler des palissades d'orangers de Valence à propos de Retz ? Pourquoi transformer l'humilité (d'ailleurs douteuse) de Rancé en un spectacle doué de toute l'ostentation du style. Cette ensemble d'opération, cette technique à l'incongruité (sociale) de laquelle il faut toujours revenir, sert peut-être à ceci : à moins souffrir ». Cette thaumaturgie de la lecture, reviendra à la toute fin de la vie de Barthes en un magnifique paradoxe dans *La Préparation du roman* : la littérature cela sert à « assumer la fatalité [de la séparation] d'une façon si radicale qu'il en naît une liberté[13] ».

Barthes insiste alors sur le rôle de l'écrivain, « tâche aveugle » des systèmes[14], sur les phénomènes « d'excès », de déportement, qui lui rendent sa « sincérité[15] » et lui permettent de remettre en mouvement les lieux communs par l'emportement du style : c'est la forme et l'attention à la forme qui comptent, car la forme autonomise le signifiant, permet sa dépersonnalisation, sa « décentration », le rêve d'un moment où il n'y plus « ni auteur ni personnage, mais plus qu'une écriture » : c'est-à-dire un transfert, un incident, une « d'éraflure », une « collision ».

Malgré le langage aliénant et déterminé, l'écrivain a un but à atteindre : permettre de faire advenir la grâce d'une surprise involontaire, le *punctum*[16], grâce toujours inattendue, incontrôlable et imprévisible, puisque située dans l'ordre du cœur. Rendre possible, mais non faire survenir ce que l'on ne serait faire contrôler, c'est peu mais c'est déjà beaucoup pour le théologien Pascal comme pour Barthes. Ce « transfert », qui n'est ni la mimèsis ni une théorie du sublime, c'est la seule généralité accessible à la littérature. Cette consolation qui accompagne l'homme (« Je vis selon les nuances que m'apporte la littérature » écrit Barthes à Hervé Guibert), conduit Barthes à la fin de sa vie une véritable sacralisation la littérature : la littérature devient moyen de survivre à la perte[17], de reconquérir une

13 Roland Barthes, *La Préparation du roman*, *op. cit.*, p. 377.

14 Formule qui revient dans *Le Plaisir du texte*.

15 Pour employer le terme de Barthes à propos de la *Pharsale* de Lucain.

16 On se souviendra que la « jouissance » est définie en 1971 dans « De l'œuvre au texte » comme « un plaisir sans préparation » (*OC III*, *op. cit.*, p. 915), activation mais imprévue du texte, non une stratégie rhétorique, une « détermination du monde » (*Id.*, p. 913).

17 « La sacralisation, je ne suis pas contre ; […] Je sacralise une jouissance, une jouissance d'écrire » affirme Barthes dans un entretien avec Bernard Henri Lévy de 1977 : « À quoi sert un intellectuel ? », *OC V*, *op. cit.*, p. 380.

vita nova : de préparer à l'émotion insaisissable de la jouissance, de rendre possible la présence des absents par le retour aux phénomènes.

Lisant Racine, Barthes pointe la contradiction « entre éthique et son son esthétique[18] », déchiffrant *S/Z*, Barthes souligne les incompossibilités des codes balzaciens interdisant toute objectivité du texte et toute fixation du signifié ; ouvrant Flaubert, il récuse l'idée que la littérature puisse se traduire le réel ; réfléchissant à ce que c'est qu'une encyclopédie, Barthes nie que la littérature puisse être autre chose qu'un « savoir noir ». Pourtant, Barthes est « né de la littérature, ne pouvant parler qu'à l'aide de ses codes usés[19] » : la littérature est « La littérature comme substitut d'amour » lit-on dans l'un des fragments de la *Vita nova*[20] de 1979 où, comme le commente Éric Marty, dans une conversion pascalienne, la littérature devient l'horizon de l'existence. « J'aime la littérature, que je l'aime d'une façon déchirante, au moment même où elle dépérit[21] » dira ailleurs Barthes, dont le projet ultime sera cette étrange assertion : « vivre selon la littérature », comme l'écrit Barthes dans « Fragments pour H. »

Se trouve ainsi tendu chez Roland Barthes, deux visions contradictoire des misères et des grandeur du langage, ce dont on s'apercevra aisément si l'on se dit que nous devons à Barthes les attaques les plus virulentes faites au langage, à l'auteur, à l'œuvre, à la valeur, au sens que l'histoire de notre culture – et les plus beau chant d'amour à la parole littéraire. Cette contradiction peut être interprétée à un niveau historique, elle est caractéristique de la génération critique de l'après-guerre, coincée entre la défaite de l'humanisme et le triomphe du paradigme linguistique, les explications incarnées de la psychanalyse et celles abstraites du structuralisme, l'urgence du politique et la prise de distance de la théorie : « La littérature se trouve ainsi aujourd'hui seule à porter la responsabilité entière du langage[22] » note Barthes, comme pour expliquer le poids écrasant qui lui incombe en tant qu'écrivain et critique.

Je voudrais proposer néanmoins une autre hypothèse, née un peu par hasard en tombant sur une phrase du *Journal de deuil* qui m'a

18 *Sur Racine, OC II, op. cit.*, p. 161.
19 Roland Barthes, *Fragments d'un discours amoureux, OC V, op. cit.*, p. 52.
20 Roland Barthes, « Transcription de *Vita Nova* », *OC V, op. cit.*, p. 1008.
21 Roland Barthes « Délibération », in *Tel Quel*, n° 82, hiver 1979, *OC V, op. cit.*, p. 680.
22 Roland Barthes, « De la science à littérature », *OC II, op. cit.*, p. 1264-1265.

rappelé, à la lumière de la lecture de la biographie de notre amie Tiphaine Samoyault, le singulier article hommage donnée par Jacques Derrida en 1981 juste après la mort de Barthes « Les morts de Roland Barthes ». Voici cette formule en question : « Je ne veux pas en parler par peur de faire de la littérature – ou sans être sûr que c'en ne sera pas – bien qu'en fait la littérature s'origine dans ces vérités » écrit Roland Barthes de la mort de sa mère. C'est dans cette concession – tout l'œuvre de Barthes s'écrit au demeurant me semble-t-il sur un mode concessif – que toutes hésitations barthésiennes vis-à-vis de la littérature me semblent en fait tenir : dans une œuvre qui « commence à la mort », pour reprendre une expression de Derrida dans son magnifique tombeau, la question du deuil fait éclater des contradictions internes qui travaillent Barthes, et qui ne sont pas seulement celles des critiques de la génération d'après-guerre face à l'humanisme littéraire, mais une expérience de première main – je pense ici à Tiphaine Samoyault décrivant la condition première de Barthes à cause de sa maladie pulmonaire, celle d'une « mort dans la vie ». Ainsi, face à la mort, qui est comme y insiste Jacques Derrida, à la fois sa mort et toutes les morts, dont celle de son père, sans signe et sans sépulture, le moi et le monde sont à la fois données comme origine et récusés comme objet ; l'affect est à la fois imposé et évacué au nom du formalisme ; la littérature devient à la fois une nécessité vitale et une impossibilité. On voit ici la source de la contradiction qui oppose d'un côté Barthes qui nous dit que « la littérature est par définition formelle[23] », qu'elle est autotélique et liquide son objet, car sa fin est de « détacher une parole seconde de l'engluement des paroles premières que lui fournissent le monde[24] », qu'elle est « de Flaubert à nos jours », « une problématique du langage[25] » qui ne peut que pointer sans pouvoir la représenter cette réalité que Barthes nomme « bloc intraitable » et ne « se détermine en se perdant[26] », car est « essentiellement à la fois sens posé et sens déçu[27] » ne pouvant s'arracher que par des détours à un sens prisonnier dans la parole commune, et un autre Barthes pour qui, si elle doit être « désacralisée, [pour devenir] une de ces grandes activités humaines, de langue et de fonctions relatives », récusée, neutralisée, la littérature est appelée par le corps et est justifiée

23 Roland Barthes, « La littérature littérale », *OC II*, *op. cit.*, p. 330.
24 Roland Barthes, *Essais critiques*, *OC II*, *op. cit.*, p. 278-279.
25 Roland Barthes, *Le Degré zéro de l'écriture*, *OC I*, *op. cit.*, p. 172.
26 Jacques Derrida, *L'Écriture et la différence*, Paris, Seuil, coll. Points, 1967, p. 17.
27 Roland Barthes, *Sur Racine*, *op. cit.*, *OC II*, p. 54.

par l'affect ; face à ce « scandale » humain fondamentale « que la mort et l'amour existent en même temps », elle se porte au devant d'un monde qu'elle récuse, elle s'avance pour secourir un énonciateur qu'elle conteste et pour rendre « le pathétique énonçable[28] ».

« Ce tout ce livre veut dire tout le temps : qu'on ne comprend pas la mort » note Barthes à qui la mort devant ses yeux de sa mère lui font voir « chaque individu sous l'espèce du devant-mourir, » comme l'écrit encore le *Journal de Deuil* : la concession, stylème barthésien s'il en est, trouve sa source dans l'expérience du *devant-mourir*, qui requiert et révoque à la fois la parole littéraire, ne laissant à l'écrivain que le choix que « d'entour[er] de mes bras ce qui est mort, ce qui va mourir », au risque de le conduire, « comme le fit Nietzsche, lorsque, le 3 janvier 1889, [à se jeter] en pleurant au cou d'un cheval martyrisé : [à devenir] fou pour cause de Pitié ». D'où ce que Derrida décrit comme un jeune homme sidéré par « ces morts qui forment toujours dans notre vie une terrifiante série qui n'en finit pas » et d'où cette obsession pointée par le philosophe pour cette énonciation impossible que Barthes relève chez Poe : dire « je suis mort » c'est-à-dire à toucher à une fracture qui ne peut être dite que par métonymie « une blessure vient sans doute au lieu du point signé de singularité [...] mais *au lieu* de cet événement, la place est laissée, pour la même blessure, à la substitution qui s'y répète, ne gardant de l'irremplaçable qu'un désir passé » conclut Derrida. « La mort conduit à l'écriture et elle justifie le récit de la vie. Elle commence et recommence le passé, elle fait venir des formes et des figures nouvelles » note quant à elle Tiphaine Samoyault : pour Barthes comme pour sa biographe, la mort est une « voix noire », une « voix sans lieu, une voix inoriginée », qui « résonne de partout », comme Barthes l'écrit à propos de *La Jeune fille et la mort* de Schubert[29] : la mort est cette voix qui fonde en même temps qu'elle arrête en même temps la littérature.

Alexandre GEFEN
CNRS – Université de la Sorbonne

28 Roland Barthes, « Longtemps, je me suis couché de bonne heure », *OC V*, *op. cit.*, p. 469.
29 Roland Barthes, « Le chant romantique », *OC V*, *op. cit.*, p. 304.

L'EXERCICE LUCIDE DU DEUIL

Au moment de sa parution, la publication du *Journal de deuil*[1] de Roland Barthes a été diversement critiquée, voire dépréciée, certains considérant que son statut d'écrit à caractère privé aurait dû le faire demeurer dans l'archive familiale[2] ; d'autres estimant qu'au mieux il éclaire l'homme sans pour autant constituer une part de l'œuvre. Je voudrais proposer au contraire que Barthes trouve dans sa pratique du journal le véhicule idéal pour *exprimer* ses émotions – au sens physique où l'on exprime le jus d'un fruit. D'une part, le *Journal de deuil*, même s'il n'a pas le statut d'œuvre et encore moins d'œuvre achevée, met en jeu dans l'écrit privé une éthique et une poétique du deuil qui relèvent d'un pathétique simultanément réclamé par Barthes dans sa conférence sur Proust au Collège de France[3]. D'autre part, par son recours à la notation et à la fiche, ce « journal » apparaît résolument continu à la pratique d'écriture de Barthes, tandis que les réticences entretenues à l'égard du genre sont peut-être levées par sa motivation et sa restriction à l'expérience du deuil. Enfin, caractérisé par sa réflexivité, sa réticence, son retrait ou retranchement dans une écriture dégagée des contraintes de la production publique, le journal *garde le silence* du sujet en deuil, tout en lui permettant la recherche d'un langage à la mesure de cette expérience considérée comme décisive. Or dans cette tension entre expressivité et silence, souci d'exprimer la sentimentalité sombre de la condition humaine et soupçon de se complaire dans celle-ci, réside le paradoxe même du pathétique.

---

1 Roland Barthes, *Journal de deuil*, Paris, Seuil/IMEC, coll. « Fiction & Cie », 2009.

2 C'était la position de François Wahl. Voir ses propos dans *Le Nouvel Observateur*, recueillis par Grégoire Leménager, 29 janvier 2009. Pour retrouver l'ensemble de la polémique, voir le dossier « Autour des inédits de Barthes » sur *Fabula. La recherche en littérature*, URL : http://www.fabula.org/actualites/article28343.php

3 Roland Barthes, « Longtemps, je me suis couché de bonne heure », conférence au Collège de France, 19 octobre 1978, *OC V*, *op. cit.*, p. 469.

UNE ÉCRITURE CONSCIENTE D'ELLE-MÊME

Du point de vue de Barthes – qui a toujours considéré le genre comme séduisant mais suspect[4] –, le journal s'écrit comme expression de ce qui ne peut se dire à personne, « développant le discours qu'il ne tient pas devant autrui[5] ». C'est que le journal met au jour une opposition forte entre le ressenti de l'endeuillé et l'incapacité, même chez les proches, à le comprendre et à l'accueillir de façon pertinente[6]. Il joue alors le rôle de refuge, de sanctuaire où exprimer ce qui ne peut se dire au-dehors. La vocation qu'il ne trouve pas dans les *Soirées de Paris* ou les extraits cités dans « Délibération » naît ici de la nécessité d'un langage qui dise l'expérience alors même que, faute d'une audience adéquate, la parole en est impossible. Il s'exprime dans le silence, conserve le silence, sans pour autant constituer une répression. On pourrait dire qu'il relève d'une sorte de *taisir*, au sens que Pascal Quignard a redonné à ce terme ancien[7] : d'une réticence envers un corps directement expressif, au profit d'une inscription physique tacite dans l'écriture.

Une remarque souvent citée sépare ainsi les affects socialement attendus de l'émotion intérieure : « Ne pas dire *Deuil.* C'est trop psychanalytique. Je ne suis pas *en deuil.* J'ai du chagrin[8] ». Le soulignement par Barthes des deux occurrences met en évidence l'emprunt au langage courant et le refus de se l'approprier. Plus loin, il accentue de nouveau l'importance cruciale du choix des termes, seule chance d'accéder à la vérité de l'expérience : « Deuil / Chagrin / (Mort de la mère) Proust parle de *chagrin*, non de *deuil* (mot nouveau, psychanalytique, qui défigure)[9] ». On peut alors former l'hypothèse que le journal devient l'instrument d'un tel questionnement : comment rendre compte des émotions du deuil d'une manière qui ne les *défigure* pas, qui n'en fasse pas autre chose en les transformant par, ou les récupérant dans, le langage codifié d'un savoir ? Commentant ce choix délibéré du terme de « chagrin », Ilai

4 Roland Barthes, « Délibération », *OC V*, *op. cit.*, p. 668-681.
5 Michel Braud, *La Forme des jours. Pour une poétique du journal personnel*, Paris, Seuil, 2006.
6 Roland Barthes, *Journal de deuil*, *op. cit.*, p. 147.
7 Pascal Quignard, *Petits traités*, tome I, Paris, Gallimard, 1997, p. 93.
8 Roland Barthes, *Journal de deuil*, *op. cit.*, p. 83.
9 Roland Barthes, *Journal de deuil*, *op. cit.*, p. 168.

Rowner parle ainsi d'« une recherche de poétisation[10] » qui milite en faveur d'une considération du journal de deuil comme élément continu aux autres occurrences de l'écriture de Roland Barthes, à « toutes les formes de cette œuvre[11] » comme l'écrit joliment Éric Marty. Bien que le journal soit *personnel* (plutôt qu'intime), le sujet critique y est activement en jeu.

Au demeurant, la conscience littéraire de Barthes est dans le journal pleinement active et semble le sous-tendre : dès le deuxième jour de deuil il s'interroge : « 27 octobre / Qui sait ? Peut-être un peu d'or dans ces notes[12] ? » L'idée d'une entité, d'une intégrité textuelle est d'ailleurs contenue dans la désignation générique : « 21 juin [1978] Relu pour la première fois ce journal de deuil[13] ». L'épisode du deuil, dont Barthes n'aperçoit pas nécessairement la fin mais dont il repère déjà les mouvements dans le temps, et qu'il considère comme inaugurant dans sa vie une nouvelle découpe temporelle, lui permet de résister à l'aspect infini qu'appelle en principe le genre[14], de le limiter à être le journal d'une crise majeure. Ce qu'il y a d'ailleurs de plus remarquable dans ce texte, c'est l'apparente contradiction, relevée par Barthes lui-même, entre la dévastation personnelle amenée par l'expérience vécue, et l'exercice de lucidité que constitue l'écriture. Ce paradoxe confère au journal sa valeur : « L'étonnant de ces notes, c'est un sujet dévasté en proie à la *présence d'esprit*[15] ». Au plus creux de la peine – voire acérée par elle – la lucidité de l'écrivain n'est pas démentie.

---

10 Il ajoute : « Le chagrin est une décision intentionnelle de l'écrivain qui investit son destin dans la valeur d'un mot : ce mot doit non seulement être juste pour répondre à son état d'âme, mais il doit aussi révéler ce qu'il ignore et l'inciter à tracer une autre parole. » (Ilai Rowner, « Une cloche sans battant. Le *Journal de deuil* de Roland Barthes », *Études françaises*, vol. 49, nº 1, 2013, p. 162)

11 Éric Marty, « Roland Barthes et la question du genre. Le Journal », dans Raphaël Baroni et Marielle Macé (dir.), *Le Savoir des genres*, Rennes, Presses Universitaires de Rennes, coll. « La Licorne », 2007, p. 87.

12 Roland Barthes, *Journal de deuil*, *op. cit.*, p. 17.

13 *Id.*, p. 163.

14 Comme l'a bien repéré Éric Marty, « Roland Barthes et la question du genre », *id.*, p. 92.

15 Roland Barthes, *Journal de deuil*, *op. cit.*, p. 40 (Barthes souligne).

DIRE ET CONTENIR L'ÉMOTION

Au sein des notes alternent ainsi ou coexistent, absolument voisines, des remarques consignant les états bruts de l'émotivité : « *émotions atroces, jusqu'aux larmes*[16] », « Je pleure[17] », « Crise violente de larmes[18] », « Crise de chagrin. Je pleure[19] », « *Sur fond de détresse, de panique [...], boule de* chagrin qui monte[20] », « *J'ai envie de pleurer*[21] » ; et des commentaires qui prennent leurs distances vis-à-vis de ces affects irrésistibles ou les insèrent dans une réflexion généralisante (traduite par des phrases nominales ou infinitives) qui dépasse l'individu et ses circonstances pour les inscrire dans les textes de la littérature ou de la philosophie : « Chagrin, impossibilité d'être bien nulle part, oppressions, agacements et remords qui s'ensuivent, tout cela est sous le mot "misère de l'homme", employé par Pascal[22] ». Cette tension fait apparaître le journal à la fois comme un espace de libération et comme une digue. Or non seulement le fait de nommer à l'écrit ces émotions, s'il peut être radicalement concomitant à l'épreuve, implique suffisamment de recul pour qu'il soit recouru au geste d'écrire, mais la consignation la plus élémentaire de l'émotion ou de l'expression physique de ce « Chagrin (si dur que : je n'en peux plus, je ne surmonterai pas, etc.)[23] » s'accompagne le plus souvent d'un constat moral ou d'une observation : « Je pleure. / Pas même l'envie de se suicider[24] ». La présence du pronom réfléchi de troisième personne dans ce dernier exemple, celle du « etc. » dans le précédent indique assez le caractère rétrospectif de ces notations allusives, qui semblent atteindre le statut de pense-bête, d'aide-mémoire en vue d'un livre ou d'un projet futur.

Comme si les entrées s'orientaient vers l'élaboration d'une sorte de *traité du deuil*, elles font état d'un dédoublement par lequel le sujet endeuillé est en mesure de s'observer lui-même, de se donner comme

16 *Id.*, p. 39.
17 *Id.*, p. 155.
18 *Id.*, p. 93.
19 *Id.*, p. 153.
20 *Id.*, p. 227.
21 *Ibid.*
22 *Id.*, p. 253.
23 *Id.*, p. 152.
24 *Id.*, p. 155.

témoin de sa propre expérience mais aussi de se prendre à témoin de ses manifestations incongrues. Michel Braud note dans *La Forme des jours*, son étude du genre du *journal personnel* : « La compréhension du sujet observe et domine sa dimension physique et affective. La distance à soi se fait dissociation, voire dédoublement[25] ». C'est ainsi jusque dans ses propres réactions émotives que Barthes va chercher à dépister les stéréotypes du deuil. D'où les nombreuses entrées nominales ou à l'infinitif, prescriptives ou prospectives : « Non pas supprimer le deuil (le chagrin) (idée stupide du temps qui abolira) mais le changer, le transformer, le faire passer d'un état statique (stase, engorgement, récurrences répétitives de l'identique) à un état fluide[26] ». Entrées dans lesquelles on retrouve ce dialogue entre soi et soi (la première parenthèse d'affinage) ; ou entre soi et les discours convenus du deuil, morales ou proverbes qui échouent si fortement à exprimer le sentiment du deuil aussi bien qu'à le neutraliser (la seconde parenthèse de commentaire). Le journal, comme extension d'un for intérieur, agit comme un lieu de délibérations[27] : le lieu où exprimer cette tension entre des sentiments contraires ; où examiner en silence et avec recul (fût-il minimal) des mouvements d'émotivité suspects à celui même qui les ressent, où manifester une poétique de l'achoppement, de l'interruption et de la brièveté qui semble mimer les « sursauts du deuil » et se défendre en même temps de sa sentimentalité.

Consignant et évaluant ses propres réactions et celles de son entourage, les attendus sociaux du deuil et le discours courant à son égard ; soulignant à maintes reprises certains mots qu'il choisit, intègre à son lexique ; ou au contraire les congédiant comme relevant d'une doxa jugée ignorante de la douleur réelle, Barthes cherche à légitimer l'expression du pathétique dans le moment même où il se débat contre son expressivité trop évidente : « Gêné et presque culpabilisé parce que parfois je crois que mon deuil se réduit à une émotivité[28] ». Or comment dire l'émotion si soi-même on craint qu'elle puisse se confondre avec *les signes* de l'émotion, leur mascarade, leur hystérisation ? C'est bien toute la question du pathétique, qui en fait une catégorie au croisement du poétique et de l'éthique. Même sans public, comment ne pas faire *théâtre*

25 Michel Braud, *La Forme des jours*, *op. cit.*, p. 50.

26 Roland Barthes, *Journal de deuil*, *op. cit.*, p. 154.

27 Un registre du discours dont Éric Marty a relevé tout l'intérêt chez Barthes, *op. cit.*, p. 86.

28 Roland Barthes, *Journal de deuil*, *op. cit.*, p. 53.

de ses sentiments, de sa propre vie, y compris auprès de soi-même ; comment demeurer dans le sein de l'affect véritable ? On retrouve dans cette interrogation le dédoublement propre au diariste : « À distance de lui-même, il s'observe, s'interroge, ou se fait le moraliste de lui-même[29] ».

LA DIVISION DU SUJET

Cet affrontement se lit partout dans le journal : « 21 novembre / Toujours cette distorsion douloureuse (parce qu'énigmatique, incompréhensible) entre mon aisance à converser, à m'intéresser, à observer, à vivre comme avant, et les élancements du chagrin. Souffrance supplémentaire, de n'être pas plus "désorganisé". Mais peut-être est-ce alors d'un préjugé que je souffre[30] ». Fidèle au travail de dépistage et de démantèlement du lieu commun qui l'a fait connaître, c'est la *mythologie* du deuil que ce « sujet dévasté en proie à la présence d'esprit » traque en lui-même, jusqu'au plus profond de ce qu'il ressent, et dans la corrélation entre ce qu'il ressent au-dedans et ce qu'il ne parvient pas à exprimer au dehors. Cette division est répercutée par le social : « Au deuil intériorisé, il n'y a guère de signes. / C'est l'accomplissement de l'intériorité absolue. Toutes les sociétés *sages*, cependant, ont prescrit et codifié l'extériorisation du deuil. / Malaise de la nôtre en ce qu'elle nie le deuil[31] ». Hors de ces accès paradoxalement hystériques et codés, qui témoigneraient mieux au monde extérieur de son regret de la disparue, le deuil demeure sans forme : « L'*indescriptible* de mon deuil vient de ce que je ne l'hystérise pas : malaise continu, très particulier[32] ». Parce que lui fait défaut l'expression la plus évidente, c'est-à-dire la plus convenue socialement[33],

---

29 Michel Braud, *La Forme des jours*, *op. cit.*, p. 50.

30 Roland Barthes, *Journal de deuil*, *op. cit.*, p. 70.

31 *Id.*, p. 167.

32 *Id.*, p. 94.

33 Dans *Le Goût des larmes au* XVIII*e siècle*, Anne Coudreuse rappelle que : « En 1977 déjà, Barthes soulignait la nécessité de faire entrer les larmes dans le champ de l'histoire et de l'anthropologie, en les considérant, non plus comme une donnée physiologique immuable, mais comme un phénomène social et culturel soumis à des évolutions idéologiques et axiologiques, et en prenant en compte la dimension historique du corps. » (Paris, Presses Universitaires de France, coll. « écriture », 1999, p. 2-3)

qui permettrait à l'entourage d'en reconnaître les signes, s'afficherait en lieu et place des tâches à accomplir, l'endeuillé se voit condamné à une solitude supplémentaire : « Toujours aussi vive mais muette, la douleur, le chagrin[34]… » Cependant, ce mutisme paraît aussi l'expression la plus juste de cette peine intérieure sans forme prescrite : « M. et moi éprouvons que paradoxalement […], c'est lorsque nous sommes bousculés, affairés, sollicités, *extériorisés*, que nous avons le plus de chagrin. L'intériorité, le calme, la solitude le rendent moins douloureux[35] ».

Or de façon plus aiguë, cette sorte d'empêchement du sujet, que redouble la diminution sociale des rites collectifs, fait écho à une déchirure ancienne entre vie intérieure et vie extérieure : « Je croyais que la mort de mam ferait de moi quelqu'un de fort, puisque accédant à l'indifférence du mondain. Mais cela a été tout le contraire : je suis encore plus fragile (normal : pour un rien en état d'abandon)[36] ». Ce déchirement qui freine la coïncidence à une éthique de vie que la mère a instituée en modèle, l'endeuillé en souffre et se le reproche, s'en plaint : « Une part de moi veille dans le désespoir ; et *simultanément* une autre s'agite à ranger mentalement mes affaires les plus futiles. Je ressens cela comme une *maladie*[37] ». La contradiction ressentie contribue à dresser un portrait *moral* du sujet endeuillé, qui explique le caractère prescriptif de certaines entrées, initiées par des « Il faut[38] », des « Ne pas[39] », et le partage de valeurs qui en est déduit : « *Trivialité* (de l'affolement) ≠ *Noblesse* (de la Solitude)[40] ». Dans ces moments, le journal ne consigne pas l'expressivité dans son caractère instantané, mais verse dans le « rapport », décanté et analytique, plus propice à l'examen de soi, de ce qui a été pensé ou senti antérieurement. On est proche d'une « théorie des émotions » d'inspiration sartrienne, ou d'un *traité du deuil* en projet, qui viserait à terme une valeur généralisante.

Dans son histoire de la notion au XVIIIe siècle, Anne Coudreuse explique que le pathétique « exprime en même temps qu'il le contient le désordre du corps affecté[41] ». C'est à cette injonction duelle que paraît

34 Roland Barthes, *Journal de deuil*, *op. cit.*, p. 251.
35 *Id.*, p. 110.
36 *Id.*, p. 106.
37 *Id.*, p. 35 (Barthes souligne).
38 *Id.*, p. 150.
39 Roland Barthes, *Journal de deuil*, *op. cit.*, p. 83.
40 *Id.*, p. 105.
41 Anne Coudreuse, *Le Goût des larmes au* XVIII*e siècle*, *op. cit.*, p. 215.

répondre le journal de deuil de Barthes. Ce dernier n'a nulle part où dire, personne ou presque à qui confier, et pourtant un certain degré d'expression est nécessaire, de même qu'un *Refuge* – au sens que lui a donné Sartre dans son *Esquisse d'une théorie des émotions*[42] – dans lequel ne pas être obligé de jouer le jeu social. À l'instar de la catharsis aristotélicienne, le pathétique réussi est alors celui qui canalise le goût des larmes tout en faisant converger l'éthique et le poétique : leur offrant un exutoire temporaire tout en évitant leur propagation, menaçante pour l'ordre social.

POÉTIQUE DU DEUIL

Par ce dédoublement, l'écriture du journal peut devenir l'instrument d'une mesure poétique – rythmique, langagière, littéraire – de la justesse. Valérie Stiénon remarque ainsi que par sa nature « digressive et intermittente, souple et expérimentale », permettant « une pratique personnalisée et cumulative de la *notatio* », l'écriture du Journal semble tout indiquée à Barthes, à condition, précise-t-elle, de l'affranchir « des outrances de l'infatuation et des pesanteurs d'un narcissisme trop complaisant, non assimilable à la véritable subjectivité[43] ». Or ce que permet l'exercice de lucidité du journal, c'est le découplage de l'émotion et de l'émotivité, celle-ci seulement l'écume de celle-là, sa partie visible, celle qui s'émousse le plus vite : « On dit (...) : le Temps apaise le deuil – Non, le Temps ne fait rien passer ; il fait passer seulement l'*émotivité* du deuil[44] ». Et : « Apprendre la (terrible) séparation de l'émotivité (elle s'apaise) et du deuil, du chagrin (il *est là*)[45] ». À travers ce divorce entre ce qui affleure et ce qui demeure, il faut réussir à saisir l'exigence temporelle contradictoire qui fait de la texture du deuil un état qui demeure et pourtant s'exprime par sursauts. « Deuil : ne s'use pas, non

42 Jean-Paul Sartre, *Esquisse d'une théorie des émotions*, Hermann, Paris, 1965 [1938], p. 46-47. Or on sait que *La Chambre claire* est dédiée à *L'Imaginaire* de Sartre.

43 Valérie Stiénon, « Roland Barthes et son Journal : de l'inclination à la délibération », *Études françaises*, volume 45, numéro 3, 2009, p. 150.

44 Roland Barthes, *Journal de deuil*, *op. cit.*, p. 111.

45 *Id.*, p. 113.

soumis à l'usure, au temps. Chaotique, erratique : *moments* (de chagrin / d'amour de la vie) aussi *frais* maintenant qu'au premier jour[46] ». Chaque « *notation* » ou « note » – on sait que le terme est important chez Barthes, « le noté apparaissant toujours comme du notable[47] » – de ce style sténographique oscille entre d'un côté une ponctuation de vie, l'inscription d'un moment du deuil qui en passe par le corps – ce que transcrit l'abondante ponctuation physique créatrice d'interruptions et d'achoppements ; et de l'autre l'enregistrement du passé, du réalisé, de l'accompli, qui permet son observation, et semble avoir pour mission de consigner ce relevé pour un usage futur : le journal fonctionnant alors comme *mémorandum*.

Tel que le pratique Barthes, avec ses fiches disponibles d'avance mais découpées à sa propre mesure[48] (une pratique qui n'est pas rare chez les diaristes, signale Michel Braud[49]), le journal n'est pas une somme indéfinie de jours à remplir – écueil qui selon Éric Marty aurait constitué l'un de ses démérites aux yeux de Barthes[50], – mais prend son rythme de celui du deuil, qui lui dicte ses élancements imprévisibles : « À chaque "moment" de chagrin, je crois que c'est celui-là même où pour la première fois je *réalise* mon deuil. / Cela veut dire : totalité d'intensité[51] ». Ainsi chacun de ces moments – de réalisation – est-il daté comme il serait signé : afin d'être entériné dans son historicité, sa situation unique ou peut-être sujette à progrès dans le temps, à révision ultérieure[52]. Ce n'est pas, comme dans le journal intime *stricto sensu*, chaque nouveau jour qui en commande la rédaction (d'où vient qu'il ne soit pas rigoureusement quotidien), mais chaque impulsion à écrire qui se voit datée, comme part de l'historicité du deuil.

L'intensité discontinue du deuil se consigne alors non seulement dans le caractère très ponctué du journal, mais dans le journal même comme ponctuation : des jours, des crises, des moments du deuil ; du fait qu'il

46 *Id.*, p. 82 (Barthes souligne).

47 Roland Barthes, « Introduction à l'analyse structurale des récits », *Communications*, n° 8, 1966, repris dans *L'Analyse structurale du récit*, Paris, Éditions du Seuil, coll. « Points Littérature », 1981, p. 16.

48 Voir la présentation de Nathalie Léger dans Roland Barthes, *Journal de deuil*, *op. cit.*, p. 7.

49 Michel Braud, *La Forme des jours*, *op. cit.*, p. 21.

50 Voir Éric Marty, « Roland Barthes et la question du genre », *op. cit.*

51 Roland Barthes, *Journal de deuil*, *op. cit.*, p. 85.

52 *Id.*, p. 163.

se vit par à-coups. Plusieurs feuillets peuvent en effet être écrits le même jour, chacun ressortissant à sa propre unité distincte :

> D'ordinaire, une date donnée permet d'organiser les événements de manière chronologique tout au long d'une journée. Ici, au contraire, le fait d'inscrire la même date sur différents feuillets multiplie ou décompose l'unité du jour. Cette impression est décisive, car elle désigne une expérience émotive chargée qui ne peut se résumer dans un seul jet d'écriture englobant la journée, mais manifeste une expérience de césure qui se dissémine dans des moments d'écriture[53].

Chaque entrée ainsi est à la fois radicalement ponctuelle car datée, et mobile du fait de la fiche libre, à la façon de l'unité de l'Album[54]. Ilai Rowner a bien montré que le journal tel que le conçoit Barthes permet une fausse linéarité[55]. Bien que daté, chaque feuillet a pour proportion ou pour mesure, pour justification, une unité d'énonciation ou « notation », plutôt que l'entrée d'un jour. La date participe ainsi d'une historicisation verticale du deuil – et elle a son importance dans le procès d'une réflexion sur le *temps* du deuil, qui traverse le journal comme genre autant que comme recours singulier de Barthes, dont l'examen en vient à identifier des époques distinctes : « 1er deuil / fausse liberté // 2e deuil / liberté désolée / mortelle, sans / emploi digne[56] ». Mais si elle identifie chaque occurrence spécifique, la date n'est pas véritablement première dans ce précis de deuil, puisque ce n'est pas le nouveau jour qui justifie la nouvelle fiche, mais le nouveau fragment d'expérience notable. Comme l'a bien vu Éric Marty, si Barthes semble consentir au journal, ce n'est qu'en l'ouvrant à ce rythme fragmentaire, qu'en le convertissant à son gré, le pliant à son rythme propre : « Selon une pensée générique, le journal doit être "tenu" ». Selon Barthes, le journal ne devient intéressant que dans la mesure où il s'affirme comme écriture de l'interruption, comme écriture interrompue[57] ». Ce qui est vrai des *Soirées de Paris* le devient d'autant plus de ce journal circonstancié du deuil.

53 Ilai Rowner, « Une cloche sans battant », art. cité, p. 161.

54 Voir la section éponyme dans Roland Barthes, *La Préparation du roman. Cours au Collège de France 1978-1979 et 1979-1980*, Paris, Seuil, 2015, p. 343-348.

55 Voir Ilai Rowner, « Une cloche sans battant », art. cité, p. 157.

56 Roland Barthes, *Journal de deuil*, *op. cit.*, p. 161.

57 Éric Marty, « Roland Barthes et la question du genre », *op. cit.*, p. 94.

LE JOURNAL RÉINVENTÉ

Or, Tiphaine Samoyault a mis en évidence dans sa biographie l'importance d'une écriture journalière dans la vie quotidienne de Roland Barthes, de tout temps, et son déploiement dans de « multiples sphères – publique, semi-publique, privée[58] ». D'une part le « fichier, que Barthes a débuté étudiant comme une réserve bibliographique puis lexicographique, est progressivement devenu le dépositaire d'une bonne partie de son existence[59] », au point qu'il devient, dans les deux dernières années de sa vie, « un véritable journal[60] », qu'elle choisit d'ailleurs de désigner par l'expression de « fichier-journal », dans la mesure où elle « semble convenir à la pratique hybride qu'il en avait et qui est son invention[61] ». D'autre part, la pratique des « agendas dont, à partir de 1960 et jusqu'à sa mort, Barthes a une pratique singulière et constante[62] » est ici la plus éclairante, car Barthes « ne s'en sert pas dans un but prospectif pour noter ses rendez-vous et ses obligations des jours suivants, mais comme d'un livre de raison, où il note rétrospectivement les travaux accomplis, les personnes rencontrées le jour précédent[63] ». Cette pratique insolite tend à confirmer le caractère ponctuant et historicisant de l'écriture quotidienne et privée, car elle renverse et transforme le rapport du vécu à l'écrit : celui-ci importe – compte, pèse – en tant que ponctuation de celui-là, plutôt que comme prescription ou préméditation.

Or ce geste de la notation, Samoyault fait l'hypothèse qu'il serait « directement dériv[é] de sa pratique de la lecture », dans la mesure où Barthes annote copieusement ce qu'il lit, « et, plus indirectement, de sa pratique pianistique : l'art du fragment est art de l'attaque, de la "frappe"[64] ». Ce terme de « frappe » vient du *Roland Barthes par Roland*

58 Tiphaine Samoyault, *Roland Barthes*, biographie, Paris, Seuil, coll. « Fiction & Cie », 2015, p. 44.
59 *Id.*, p. 43.
60 *Ibid.*
61 *Ibid.*
62 *Ibid.*
63 *Id.*, p. 43-44.
64 *Ibid.*, p. 196.

Barthes : « Sous forme de pensée-phrase, le germe du fragment vous vient n'importe où [...] on sort alors son carnet, non pour noter une "pensée", mais quelque chose comme une frappe[65] ». Il met l'accent non sur une unité intellectuelle ou de sens, mais sur une unité rythmique, porteuse d'intensité ; sur une coïncidence ou un « *rapport cinétique entre la tête et la main* » allusivement étudié dans *La Préparation du roman*[66]. Dans cette conception de l'écrit, le musculaire et l'affectif, le manuel et le mental sont liés par un rapport de nécessité qui commande à la fois la forme et le temps de l'œuvre.

Tout porte alors à croire que le journal consigne les *frappes* du deuil, au moyen d'attaques consonantiques que renforce l'écriture en fragments : phrases ou paragraphes indépendants les uns des autres, ponctués d'une façon forte qui accentue leur brièveté. À chaque nouveau fragment – à chaque nouveau paragraphe, chaque nouveau feuillet – s'impose ce que la théorie du rythme appelle un *coup de glotte* : une attaque énonciative qui accentue chaque *incipit*, l'élance intonativement – jusque dans l'écrit. La forme des entrées du journal s'aligne sur cette rythmique accidentée et récurrente, jamais prévisible, cette poétique de la brièveté paratactique ou nominale, littéralement lapidaire : « Une pierre[67] », qui rend compte des *moments* de deuil intense à l'intérieur du temps étale et morne d'après la perte, réincarnant dans la physique de l'écrit les accès chaotiques du chagrin. On pourrait faire l'hypothèse que chacune des fiches du journal apparaît comme l'un de ces « moments de vérité », de ces *surgissements* que suscite la littérature et dont Roland Barthes rêve dans son dernier cours de faire un jour l'histoire.

CONCLUSION

Par son caractère disponible et ouvert, non mobilisant comme un livre mais agissant comme un lieu d'accueil, le journal fonctionne comme un recueil d'émotions en même temps que le lieu d'épreuve

65 Roland Barthes, *Roland Barthes par Roland Barthes, OC IV*, *op. cit.*, p. 671.
66 Roland Barthes, *La Préparation du roman*, *op. cit.*, p. 490, Barthes souligne.
67 Roland Barthes, *Journal de deuil*, *op. cit.*, p. 122.

de leur pérennité, une fois l'émotivité passée[68] ; l'espace en somme de leur dénouement. Le pathétique propre du « journal de deuil » réside dans cette *question poignante* de *l'écrit* : consistant à retenir ce qui point (*punctum*), au sens du point de côté du coureur, qui tout à coup concentre et requiert tout le corps en un point ; tout en l'élaguant parmi la masse fausse de l'émotivité non durable.

Plutôt que d'écrire le chaque-jour, le *Journal de deuil* est requis par des « incidents », événements rythmiques au croisement de l'émotion et de l'idée qui conduisent à la notation. Gaëtan Brulotte notait au moment de la parution d'*Incidents* : « Ces figures ont de toute évidence, à ses yeux, une dimension romanesque. Et manifestement il a retenu ces scènes *pour leurs accrocs à la marche régulière du quotidien*. Même quand il inscrit des bonheurs, des moments de tendresse ou d'harmonie, *ils sont si isolés, si encadrés, qu'ils ont force d'événements*[69]. » Le travail sur la scénographie de la page, la sténographie du style, et l'organisation singulière et singularisante de la prise de note, participent, à travers ces diverses incarnations de la brièveté fragmentaire, d'une poétique de l'écrit propre à Roland Barthes, qui coïncide exactement avec l'expérience du chagrin, chaotique et imprévisible. C'est pourquoi non seulement le journal est *nécessaire* à l'expression – en un sens très physique, rythmique plutôt que psychologique – du deuil ; mais il s'en révèle – tel que revisité par Barthes – le conduit le plus approprié.

Maïté SNAUWAERT
Université de l'Alberta

---

68 « Voilà la chance, l'aléa, le miracle de l'écriture : que ce qui a perdu de la valeur quand on le parlait [ici on pourrait dire : quand on le sentait], gagne une autre valeur quand on l'écrit mais ce n'est pas sûr. » (Roland Barthes, *id.*, p. 348)

69 Gaëtan Brulotte, « L'Envers du mythe Roland Barthes », compte rendu de *Incidents* de Roland Barthes, *Liberté*, vol. 30, n° 1, (175) 1988, p. 100, je souligne.

FRAGMENTS D'UNE JOUISSANCE SONORE

Expérience musicale et sexualité chez Roland Barthes

Parmi les fameux « biographèmes » auxquels Roland Barthes avait souhaité que l'on réduisît le récit de sa vie, et à présent que de véritables entreprises biographiques nous ont offert un accès indiscret à certains faits d'ordre privé, il en est un qui semble pouvoir retenir particulièrement l'attention : en 1975, alors qu'il était au sommet de sa renommée et de son influence, Barthes se rendit dans le fameux cabinet de la rue de Lille pour consulter Lacan. Cette initiative, qui dut à la fois surprendre et flatter un « mage » alors habitué à la pratique à la fois mondaine et lucrative des micro-séances, fait semble-t-il suite à la passion malheureuse de Barthes pour un jeune étudiant en psychiatrie, Roland Havas, avec lequel il partageait, outre son prénom, un goût immodéré pour la musique. Que Barthes, maître de l'expression fine et de la nuance, ait pu espérer l'aide d'un Lacan qui avait presque entièrement projeté la cure psychanalytique sur la scène du langage peut prêter à sourire : on imagine la rencontre réduite à un stérile duel « d'éléphants » du champ intellectuel, et elle fut de fait improductive, ce que Barthes admit dans une formule lapidaire : « un vieux con avec un vieux chnoque[1]. » Au-delà de son caractère anecdotique et de ce joli trait d'autodérision barthésienne, cet épisode est intéressant en ce qu'il concentre et croise trois éléments essentiels : l'homosexualité, la musique, le besoin de verbalisation. En effet, sans même parler des préventions grandissantes de Barthes à l'endroit des arrogances de la langue et des pièges d'une nomination qui toujours durcit les choses, on peut sans doute dire que le désir sensuel qui le portait vers les garçons, musiciens ou non, fut toujours privé, chez lui, d'expression directe. Le recueil *Incidents*, version

1 Cité par Tiphaine Samoyault, *Roland Barthes*, Paris, Le Seuil, coll. « Fiction & Cie », 2015, p. 622.

barthésienne de la tradition littéraire (et particulièrement gidienne) du voyage homo-érotique au Maghreb, est le seul, avec l'apostille constituée par *Soirées de Paris*, à aborder frontalement la question, mais il est posthume, et encore ne constitue-t-il que des annotations, faussement détachées, portées sur les détails des rencontres sensuelles. Si l'érotique de Barthes est bien sûr partout, dans l'analyse du discours amoureux, dans la révélation du texte de jouissance, dans la revendication, peut-être un peu artificielle, d'un « plaisir du texte », le discours de la sexualité, de sa sexualité, fait, quant à lui, l'objet d'une rétractation mélancolique, et pour tout dire d'une quasi disparition. On peut bien sûr incriminer l'époque, où aucune notion telle que le « coming out » ne venait inciter, grâce à une certaine valorisation sociale, à transgresser l'injonction au silence, mais l'on sait bien que d'autres personnalités, non des moindres et dès la génération précédente, avaient passé outre. Le caractère très réservé de Barthes (en partie démenti par la nature passionnelle, pour ce que nous en connaissons, de sa correspondance amoureuse) explique encore un silence qui confine à l'auto-répression, de sorte que nous devons chercher dans les plis d'autres discours, dans la part d'inconscient qui les constitue ou dans l'implicite qui les accompagne, la trace de la confidence sexuelle. Nous ferons ici l'hypothèse que le commerce constant de la musique, et naturellement les textes qui lui sont directement ou indirectement consacrés, constituent l'un des lieux privilégiés de cette expression.

INTIMITÉ MUSICALE ET SENSUALITÉ

Il n'est nullement besoin, sans doute, d'étayer à l'aide de nombreuses citations l'importance que la musique, comme art canonique et comme pratique personnelle, a occupé tout au long de la vie de Barthes. Malgré son éthique revendiquée d'amateur, qui en fait le Saint Patron d'une « Hausmusik » à la française, on doit remarquer que le fantasme l'a porté vers plusieurs dimensions de cet art. Il s'est alternativement rêvé en pianiste, entretenant régulièrement ses compétences au clavier, mais aussi en chanteur, comme en témoignent les leçons prises avec Charles

Panzéra, en musicologue, si l'on en juge aux conférences données au sanatorium de Saint-Hilaire-du-Touvet et, plus tard, à l'institut français de Bucarest, et même, sans doute, en compositeur : on sait qu'il acheva un *Divertissement* en Fa majeur dans sa jeunesse, et le *Roland Barthes par Roland Barthes* porte la trace d'une mélodie composée en 1939 sur un poème de Charles d'Orléans. Dans les années 1970, il se rapprocha d'André Boucourechliev, avec lequel il collabora même pour *Thrène*, lisant des extraits de *Pour un Tombeau d'Anatole* de Mallarmé. Comme d'autres intellectuels de sa génération, tels que Deleuze et Foucault, il souhaita ne pas perdre le contact avec la modernité musicale, de sorte qu'on le vit à l'IRCAM s'efforcer avec vaillance de mesurer les enjeux compositionnels à l'âge post-webernien, même si son véritable goût, à l'évidence, allait au répertoire classique et romantique. La simple liste de ces faits rappelle que le corps de Barthes – ce corps tuberculeux, comme anachronique, qui lui valut on le sait une jeunesse marginale – fut toujours un corps musicien, voulu et même thématisé comme tel. Nécessité artistique, objet social, instrument de jouissance : nul autre engagement culturel que la musique n'implique en effet au même degré le corps, sa posture, sa résonnance, ni ne façonne une *physis* si spécifique, à la fois très contrôlée et capable d'abandon, touchant aux extrêmes de la concentration et de la réceptivité. La sculpture d'un corps hybride, à la fois pianiste (ou chanteur) et écrivain, l'aller-retour constant entre le piano, toujours à portée, et la table de travail, comme s'il y avait solution de continuité nécessaire entre les deux pratiques, sont des domaines dans lesquels Barthes est très conscient d'être l'héritier de Gide, protestant comme lui, écrivain comme lui, pianiste comme lui :

> Gide a eu une grande place dans ses lectures de jeunesse : croisé d'Alsace et de Gascogne, en diagonale, comme l'autre le fut de Normandie et de Languedoc, protestant, ayant le goût des « lettres » et jouant du piano, sans compter le reste, comment ne se serait-il pas reconnu, désiré dans cet écrivain ? L'*Abgrund* gidien, l'inaltérable gidien, forme encore dans ma tête un grouillement têtu. Gide est ma langue originelle, mon *Ursuppe*, ma soupe littéraire[2].

Protestant, écrivain, pianiste et, bien sûr, homosexuel comme lui. La soupe dont il est question est aussi érotique, et on aura apprécié au

2 Roland Barthes, *Roland Barthes par Roland Barthes*, Paris, Le Seuil, coll. « Écrivains de toujours », 1975, p. 103 / *OC IV*, *op. cit.*, p. 677.

passage le syntagme « sans compter le reste », caractéristique d'un Barthes incroyablement précautionneux en comparaison d'un Gide qui avait publié *Si le grain ne meurt, Carnets d'Égypte* puis, en 1924, la version publique de *Corydon*, rédigé dès 1911. Écrire sur Schumann, c'était prolonger et comme achever le geste de Gide, qui avait initialement intitulé *Notes sur Chopin et Schumann* ses fameuses *Notes sur Chopin* de 1938. Cependant, plus encore que chez Gide, dont il reprend une partie de l'argumentaire anti-virtuose, la musique, chez Barthes, est toujours liée à l'intimité, c'est-à-dire au sanctuaire où le corps est dispensé de la pantomime que lui a inculquée le dressage social et cette *doxa* dont il n'aura cessé de traquer les manifestations les plus insidieuses et de dénoncer la tyrannie. *Soirées de Paris* commence ainsi par un récit de fuite dans le métro parisien, où il tente d'échapper à l'écoute publique et contrainte de la musique : « Un guitariste genre folk américain faisait la manche dans un wagon ; j'ai soigneusement choisi le wagon voisin, mais, à Odéon, il a lui-même changé et est monté dans mon wagon (il doit faire ainsi tout le train) ; voyant cela, je suis descendu en vitesse et suis remonté dans le wagon qu'il venait de quitter [...] Je suis descendu à Strasbourg-Saint-Denis, la station résonnait très fort d'un saxophone solo ; j'ai aperçu dans le détour d'un couloir un jeune nègre mince qui en jouait et produisait ce bruit énorme, inconsidéré[3]. » Au-delà de la question de la valeur artistique de ces musiciens du sous-sol, qui n'est finalement pas en cause, on constate que toute musique relevant du « collectif » (il en irait de même de la musique dite « d'ameublement » ou « *wallpaper music* ») relève du « noise », de la « noise », de l'agression, de la commination anti-érotique. La prédilection pour la mélodie française (Fauré, Duparc, Debussy, Ravel) et pour Schumann, que Barthes considère comme le musicien du déchiffrage et de la privauté, peut encore s'interpréter comme la résistance à un certain consensus réalisé, s'agissant des figures romantiques, autour de Wagner, Schubert et Chopin. Barthes n'était en rien un amateur d'opéra, de festivals, de concerts, et encore moins de récitals, où triomphe la posture héroïque ; la circonstance toujours plus ou moins mondaine, le public, le programme, l'écoute obligatoire, sont encore pour lui de l'ordre de la contrainte, quand la musique relève à ses yeux du domestique, de la chambre, de l'élection intime. Il l'associe

3 Roland Barthes, « Soirées de Paris », dans *Incidents*, Paris, Le Seuil, 1987, p. 73-74 / *OC V*, *op. cit.*, p. 977.

très souvent à l'amitié, une *dilectio* antique de nature fondamentalement amoureuse, qu'elle favorise et entretient. L'entrée biographique, dont nous sommes parti, nous apprend ainsi l'importance qu'eut pour Barthes, dans sa jeunesse bayonnaise, le fait de jouer à quatre mains, avec une assiduité alarmant d'ailleurs son entourage, en compagnie d'un camarade nommé Jacques Gilet, qui fut vraisemblablement son premier amour. Rien de plus bourgeois et de suranné, sans doute, que la pratique du « quatre mains », peu prisée des pianistes professionnels, précisément parce qu'elle est antihéroïque et s'avère presque toujours affaire de lecture – voie de déchiffrage – s'opposant donc au concert. Mais quel merveilleux alibi du rapprochement érotique ! Bien des romans du XVIIIe siècle, dont *Les Liaisons dangereuses, La Nouvelle Héloïse* et, avec une crudité inégalée, *La Religieuse*, ont révélé les ambiguïtés de la leçon de musique, de la proximité physique, du frôlement, du contact des peaux, du partage de l'espace dont le « quatre mains » est le tabernacle. Le *toucher*, notion pianistique par excellence, promet la caresse, et la *toccata*, pièce virtuose, la désirable palpation. Il ne faut donc pas craindre de dire, selon nous, que l'on ne peut pleinement comprendre l'attachement de Barthes à la musique – et, partant, son discours sur elle – si l'on néglige le fait qu'elle est liée à la révélation sensuelle, et à une possibilité de jouissance secrète. L'expérience musicale fut pour lui, sans qu'il en prît sans doute toujours conscience, un territoire érotique providentiellement libre, et plus précisément le lieu de l'encodage du désir homosexuel. Toujours dans *Soirées de Paris*, et presque à l'autre bout du « chemin de la vie », il est d'ailleurs poignant que ce soit encore au piano, avec une douloureuse et mélancolique conscience cette fois, que Barthes prenne congé de ses espoirs amoureux : « J'ai joué un peu de piano pour O., à sa demande, sachant dès lors que j'avais renoncé à lui ; il avait ses très beaux yeux, et sa figure douce, adoucie par ses longs cheveux : un être délicat mais inaccessible et énigmatique, à la fois doux et distant. Puis je l'ai renvoyé, disant que j'avais à travailler, sachant que c'était fini, et qu'au-delà de lui quelque chose était fini : l'amour *d'un* garçon[4]. »

4 *Id.*, p. 116 / *OC V*, *op. cit.*, p. 993.

ÉROTISATION DU CORPS MUSICAL

On se propose donc de considérer à présent les écrits de Barthes sur la musique – sans nulle prétention à l'exhaustivité – en y cherchant, en creux, un discours sur la sexualité, et comme l'ombre du journal impudique qu'il n'a jamais rédigé que par bribes. On ne s'attardera pas sur *S/Z*, bien que la partition musicale s'y donne explicitement en modèle de l'étoilement critique du texte, et que la confusion faite par le malheureux Sarrasine, subjugué par la voix et l'apparence de la Zambinella, puisse certainement s'interpréter comme le signe d'une homosexualité latente. Il y aurait évidemment beaucoup à dire sur la voix (l'organe vocal) comme métaphore phallique, et sur la redistribution qu'opère Barthes, bousculant joyeusement l'ordre hétéro-normatif, autour de la dichotomie châtrer / être châtré. Tout corps « intersexuel » réfute et déstabilise, du seul fait d'exister, les stratégies régulatrices de la catégorisation sexuelle, mais le castrat, qui appartient à la mythologie de la musique baroque et incarne désormais un « complexe » psychanalytique, relève davantage du genre – ou du « trouble dans le genre », pour reprendre la célèbre formule de Judith Butler – que de l'orientation sexuelle : son travestissement, chez Balzac (qui, notons-le, s'écarte de la vérité historique, les castrats endossant généralement des rôles masculins héroïques), engendre une indécision qui intéresse Barthes en raison de la complexité énonciative qui l'accompagne, mais ne le touche pas en profondeur. Pour le dire brutalement, *S/Z* est affaire de littérature, de brillant déploiement textuel et analytique, et non, malgré les apparences, de musique résonnant dans l'intimité, ne serait-ce que parce que Barthes, à l'inverse de Sarrasine, n'avait rien d'un fanatique d'opéra ni d'un idolâtre de divas.

Plus révélatrice, à notre sens, est la suite de textes rassemblés dans *L'Obvie et l'Obtus*, qui analysent de manière rhapsodique les deux pôles de la dilection barthésienne : la voix non-opératique de Charles Panzéra, emblématique de ce qu'il nomme le « grain », et le piano de Schumann. Dans les deux cas, c'est la spécificité d'une écoute, non pas attentive ou distante mais bien « affolée », que cherche à restituer Barthes, dans des pages qui, davantage encore qu'à l'accoutumée, assument leur littérarité et tendent parfois au poème en prose. La distinction opérée entre le *phéno-chant* et le *géno-chant* (qui adapte une opposition forgée par Julia Kristeva à propos du texte) dans *Le Grain de la voix* oppose une interprétation articulée et philologique à un engagement où la volupté vocale naît de l'absence de communication, d'une déprise du sens qui laisse libre cours à la signifiance, c'est-à-dire au rapt, à la possession exercée par la musique. Une voix qui a du grain, dit volontiers Barthes, est une voix qui « bande », non point dans l'aigu phallique des ténors, trop agressif et culturalisé par les codes opératiques, ni dans la chaleur équivoque des contraltos, cet « hermaphrodite de la voix[5] » qui nous ramène en direction des castrats, mais bien dans la suavité mâle, qui saisit bien plus qu'elle n'exprime, du baryton de Panzéra : c'est qu'il faut jouir, et non comprendre, il faut *des* sens, et non seulement *du* sens. L'art de Dietrich Fischer-Dieskau (à l'égard duquel, précisons-le tout de même, Barthes se montre d'une épouvantable injustice) est selon lui typique d'un *phéno-chant* encombré de sens obvie et de spiritualité démonstrative, que trahit chez le chanteur allemand la maîtrise conventionnelle du souffle : « Le poumon, organe stupide (le mout des chats !) se gonfle mais il ne bande pas : c'est dans le gosier, lieu où le métal phonique durcit et se découpe, c'est dans le masque que la signifiance éclate, fait surgir, non l'âme, mais la jouissance[6] ». Il est bien sûr tentant de s'arrêter sur un lexique qui fait des cordes vocales un organe semblable à une épée érigée, procurant une jouissance qui « surgit » et « éclate » – ce dernier verbe rappelant une remarque formulée dans *Incidents* à propos du ramage sexuel d'un garçon marocain : « J'aime le vocabulaire d'Amidou : *rêver* et éclater pour *bander* et *jouir. Éclater* est végétal, éclaboussant, dispersant, disséminant ; *jouir* est moral, narcissique, replet, fermé[7]. » Après la bandaison, c'est l'éjaculation qui s'immisce, en métaphore implicite, dans l'appréhension barthésienne du chant, transformant le malheureux Fischer-Dieskau – qui n'en demeure pas moins, notons-le derechef, l'une des plus grandes voix du XXe siècle – en triste « peine-à-jouir. »

---

5 Théophile Gautier, « Contralto », dans *Émaux et Camées* (1852), Paris, Bibliothèque Charpentier, Fasquelle, 1919, p. 53.

6 Roland Barthes, « Le Grain de la voix », dans *L'Obvie et l'Obtus*, Paris, Le Seuil, 1982, coll. « Points », 1992, p. 240 / *OC IV*, *op. cit.*, p. 151.

7 Roland Barthes, *Incidents*, *op. cit.*, p. 44-45 / *OC V*, *op. cit.*, p. 967.

Dans « La Musique, la voix, la langue », autre texte figurant au sommaire de *L'Obvie et l'Obtus*, Barthes opère une variation sur les arguments de son éloge de Panzéra, et le compare cette fois à un adolescent, à un « collégien » chantant de tout son corps, à tue-tête, à voix nue : autres images d'enthousiasme et de vigueur pubertaire, qui trahissent, avec des accents discrètement nostalgiques, la rêverie érotique (le fantasme) dissimulée dans l'étude de la vocalité. La conclusion de ce texte, chère à tous les musiciens, procède bien sûr à une généralisation « désérotisante », à un repli romantique vers l'amour, mais réaffirme tout de même la vocalité – le *géno-chant* – comme évidence du désir, et donc, peu ou prou, comme transgression :

> La musique est à la fois l'exprimé et l'implicite du texte : ce qui est prononcé (soumis à inflexions) mais n'est pas articulé : ce qui est à la fois en dehors du sens et du non-sens, à plein dans cette *signifiance*, que la théorie du texte essaye aujourd'hui de postuler et de situer. La musique – comme la signifiance – ne relève d'aucun métalangage, mais seulement d'un discours de la valeur, de l'éloge : d'un discours amoureux : toute relation « réussie » – réussie en ce qu'elle parvient à dire l'implicite sans l'articuler, à passer outre l'articulation sans tomber dans la censure du désir ou la sublimation de l'indicible –, une telle relation peut être dite à juste titre *musicale*[8].

On pourrait ainsi soutenir que pour Barthes, la musique, et cela même quand elle prend le visage d'un répertoire qui est à bien des égards un produit de la culture bourgeoise, comme la mélodie française, est toujours, quoi qu'elle fasse, *para-doxale*, rétive à la *doxa* définie comme « l'Opinion publique, l'Esprit majoritaire, le Consensus petit-bourgeois, la Voix du naturel, la Violence du Préjugé[9]. » Or, s'il est un élément sur lequel la culture bourgeoise exerce sa puissance régulatrice et son réflexe de déni, c'est bien, on en conviendra, la sexualité. À la *libido dominandi* tapie dans le langage et plus encore dans le discours (or la bourgeoisie, est fondamentalement, aux yeux du sémioticien, un discours), Barthes oppose la *libido* toute simple qui s'exprime dans la musique : c'est dans le corps, ce point aveugle du monde bourgeois, que résonne la signifiance, dans des figures du corps qu'elle trouve son tissu. Plus encore peut-être que de Proust, Barthes se montre là l'héritier d'un Thomas Mann dont il connaissait très bien l'œuvre, même si l'on peut regretter qu'il ne lui

8 Roland Barthes, « La musique, la voix, la langue », dans *L'Obvie et l'Obtus*, *op. cit.*, p. 252 / *OC V*, *op. cit.*, p. 528.

9 *Roland Barthes par Roland Barthes*, *op. cit.*, p. 51 / *OC IV*, *op. cit.*, p. 627.

ait pas consacré d'étude spécifique, et ne mentionne pas, ce qui ne laisse pas d'étonner pour un tel mélomane, *Le Docteur Faustus.* On se souvient en revanche que dans sa leçon inaugurale au Collège de France, il évoquait les sanatoriums de sa jeunesse et comparait son corps à celui de l'un des plus célèbres personnages manniens : « En un sens, mon corps est contemporain de Hans Castorp, le héros de *La Montagne magique* ; mon corps, qui n'était pas encore né, avait déjà vingt ans en 1907, année où Hans pénétra et s'installa dans le pays d'en haut[10]... » Le fantasme, bien entendu, fonctionne également à rebours : le corps de l'homme mûr et ceinturé par la convention flatteuse, mais la convention tout de même, que représente l'élection dans la plus prestigieuse des institutions intellectuelles, se projette dans celui d'un jeune homme de vingt ans... Or, le brave Hans, tancé par un Settembrini qui, dans le roman, lui reproche son manque d'intérêt pour le verbal et pour le politique, est bien ce garçon très comme il faut, très bourgeois allemand, qui, se grisant de musique dans le chapitre « Flots d'harmonie », trouve là une expression à sa sensualité contenue. À bien des égards (et ce n'est nullement un hasard si le fameux article-livre de Lukács sur Mann s'intitule *Auf der Suche nach der Bürger*, « À la recherche du bourgeois ») l'obsession musicale de Thomas Mann est indissociable de son « ironie érotique », c'est-à-dire de la manière dont il diagnostique cruellement, dans la grande parade intellectuelle et bourgeoise, l'élément érotique propre à faire s'écrouler tout l'édifice : il y aurait également beaucoup à dire sur la musique dans *Les Buddenbrook*, qui fait symboliquement s'écrouler cette cathédrale de la bourgeoisie qu'est une maison de commerce, mais c'est évidemment tout le sujet de *La Mort à Venise*, dont Visconti, avec sa parfaite intuition, a justement de renforcé le climat musical.

SEXUALITÉ, MUSIQUE, TRANSGRESSION

L'érotique musicale de Barthes, enfin, semble trouver son expression la plus implicitement sexuelle dans ses textes consacrés à Schumann,

10 Roland Barthes, *Leçon*, Paris, Le Seuil, coll. « Points », 1978, p. 45 / *OC V*, *op. cit.*, p. 445-446.

musicien au sujet duquel il aime à associer l'esprit de la Fantaisie, et le verbe *Fantasieren*, qu'il traduit toujours par « fantasmer ». La paraphrase poétique qu'il livre de *Kreisleriana*, dans « Rasch », inclut ainsi des images éminemment phalliques : la troisième pièce, par exemple, « n'est pas animée (*molto animato*), elle est "dressée" (*aufgeregt*), levée, tendue, érigée [...] *Aufgeregt* : quelque chose s'éveille, se lève, se dresse (comme un mât, un bras, une tête), quelque chose suscite, énerve, (et bien évidemment, quelque chose bande)[11]... » L'expérience somatique extrême que constitue le contact avec *Kreisleriana*, cependant, suggère aussi, parallèlement à « l'éclatement » séminal, un plaisir réceptif, c'est-à-dire, pour utiliser une terminologie aussi répandue que contestable, *passif*. L'idée d'une musique « pénétrante », voire violeuse, n'est pas nouvelle : « Les oreilles n'ont pas de paupières » rappelle Pascal Quignard dans *la Haine de la musique*, qui propose des variations sur la commination musicale, analysant l'art des sons comme une instance autoritaire et intrusive[12]. En se faisant attacher au mat et en mettant de la cire dans les oreilles de ses compagnons, Ulysse, le rhéteur, l'homme du verbal, s'autorise avec les Sirènes une expérience auditive qui prend des allures de viol consenti. Ce héros viril, époux de la sage Pénélope et seul capable de bander l'arc royal, mais dont on connaît l'insatiable curiosité, fait ainsi, symboliquement, l'expérience de la pénétration réceptive. La binarité actif/passif, dont Barthes déplore qu'elle soit si tyrannique et constitue le socle d'une sorte d'homo-normativité – bien qu'il n'utilise pas ce terme –, donne d'ailleurs son titre à l'un des très rares passages de son œuvre où il aborde frontalement l'homosexualité : le fragment « Actif/Passif » du *Roland Barthes par Roland Barthes*. Il y plaide pour un dépassement libérateur de ces rôles, ou de ces fonctions, qui, au sein même d'une pratique perçue comme transgressive, reconduisent et ratifient les normes sociales :

> Cependant, dès lors que l'alternative est refusée (dès lors que le paradigme est brouillé), l'utopie commence : le sens et le sexe deviennent l'objet d'un jeu libre, au sein duquel les formes (polysémiques) et les pratiques (sensuelles), libérées de la prison binaire, vont se mettre en état d'expansion infinie. Ainsi peuvent naître un texte gongorien et une sexualité heureuse[13].

11 Roland Barthes, « Rasch », dans *L'Obvie et l'Obtus*, *op. cit.*, p. 269, 275 / *OC IV*, *op. cit.*, p. 831, 837.

12 Pascal Quignard, *La Haine de la musique*, Paris, Gallimard, 1996.

13 Roland Barthes, *Roland Barthes par Roland Barthes*, *op. cit.*, p. 137 / *OC IV*, *op. cit.*, p. 708.

Cet espace utopique pourrait bien être la musique, et l'expérience du piano de Schumann brise en quelque sorte le tabou bien ancré de la passivité, qui dans le système érotico-social qui l'environne, Barthes en a pleinement conscience, demeure quelque peu dégradante et liée à la vénalité. Écouter Schumann, que Barthes, à l'encontre de toute une tradition « romanticisante », associe prioritairement au rythme, c'est recevoir des coups de boutoir qui irradient dans tout le corps : « Ce que j'entends, ce sont des coups : j'entends ce qui bat dans le corps, ce qui bat le corps, ou mieux : ce corps qui bat. [...] Ce qu'il faut, c'est que ça batte à l'intérieur du corps, contre la tempe, dans le sexe, dans le ventre, contre la peau intérieure[14]. » Ces coups, précise Barthes, sont censurés par la plupart des auditeurs, qui ne veulent pas les entendre, et pire, par la plupart des pianistes, qui les affadissent, les exténuent par leur corps médiocre et leur posture conforme : ainsi d'Arthur Rubinstein, immense interprète mais par trop cabot pour Barthes, bien trop soucieux de couler à son public des œillades séductrices, c'est-à-dire de jouer le jeu d'une érotique policée et mondaine, pour se laisser posséder par Schumann. Car c'est bien de cela qu'il s'agit : l'idée d'un voluptueux abandon corporel à l'énergie d'une musique désirante, pulsionnelle, « qui va dans le corps, dans les muscles, par les coups de son rythme[15] », est à la fois la plus récurrente et originale des hypothèses schumaniennes de Barthes. Sans même se faire attacher au mât, mais par un biais musical qui tient cette fois davantage de la pulsation que du *mélos*, Barthes fantasme ainsi, à travers la relation esthétique, le plaisir de la pénétration.

On ne méconnait pas, bien sûr, le fait qu'une telle lecture prête un très large flanc au reproche de surinterprétation, et procède en partie d'un désir de débusquer, peut-être à tout prix, ce « journal sexuel » introspectif que Barthes, si tout indique qu'il le tenait en pensée, n'a jamais confié à l'écriture. Mais Barthes, après tout, était son propre lecteur comme son premier exégète, et il paraît bien difficile de supposer qu'un auteur aussi fin, aussi attentif aux champs de signifiance des termes et à leurs connotations, ait pu tout à fait méconnaître la possibilité d'une

14 Roland Barthes, « Rasch », dans *L'Obvie et l'Obtus*, *op. cit.*, p. 265, 267 / *OC IV*, *op. cit.*, p. 827, 829.

15 Roland Barthes, « Aimer Schumann », dans *L'Obvie et l'Obtus*, *op. cit.*, p. 260 / *OC*, *op. cit.*, p. 722.

interprétation sexuelle de ses analyses schumaniennes : cette musique, qui lui plaît en ce qu'elle dérange l'image sociale de l'art, est représentative du caractère transgressif de *toute* musique. Elle lui permet aussi, l'oblige même, telle une très chère contrainte, à reconnaître la force de son désir, sinon tout à fait à le nommer. Citons une dernière fois Barthes : « L'amour de Schumann amène fatalement le sujet qui l'éprouve à se poser dans son temps selon les injonctions de son désir et non selon celles de sa socialité. Mais ceci est une autre histoire, dont le récit excèderait les bornes de la musique[16] ». Une « autre histoire » sans doute, et pourtant à nos yeux *toujours la même histoire*, le récit retiré, refusé, interdit, refoulé, d'une homosexualité qui fut pourtant, pour Barthes, une catégorie fondamentale de la perception du monde et un déplacement essentiel, précieux, du regard sur les choses. La musique, cette « Muttersprache », qui parle sans dire et révèle sans formuler, fut peut-être la grande parole « obtuse » de Barthes sur sa sexualité, et pour conclure sur l'un de ces biographèmes qui sont au fond, chez Barthes, des « somatèmes », des figures du corps, on peut rappeler que le principal obstacle à l'expression publique et même privée de Barthes, sur la nature de ses désirs, fut le souci constant, obsessionnel, de préserver sa mère. En évoquant la musique de Schumann comme celle de « l'enfant qui n'a d'autre lien qu'à la Mère[17] », à l'instar de Proust avant lui[18], il se confia sans doute par la musique, pour lui la seule langue maternelle.

Frédéric Sounac
Université Toulouse – Jean-Jaurès

16 *Id.*, p. 264 / *OC V*, *op. cit.*, p. 725.

17 *Id.* p. 259 / *OC V*, *op. cit.*, p. 721.

18 Nous songeons à ce passage de la *Recherche* dans lequel Proust évoque les *Kinderszenen* de Schumann et plus précisément les pièces « Kind im Einschlummern » et « Der Dichter spricht » : « Peut-être, tant tout s'entrecroise et se superpose dans notre vie intérieure, avait-elle été [la phrase du Septuor] inspirée à Vinteuil par le sommeil de sa fille – de sa fille, cause aujourd'hui de tous mes troubles – quand il enveloppait de sa douceur, dans les paisibles soirées, le travail du musicien, cette phrase qui me calma tant par le même moelleux arrière-plan de silence qui pacifie certaines rêveries de Schumann, durant lesquelles même quand le poète parle, on dirait que l'enfant dort » (Marcel Proust, *La Prisonnière* dans *À la Recherche du temps perdu*, Paris, Gallimard, coll. « La Pléiade », 1989, vol. IV, p. 239).

DEUXIÈME PARTIE

ÉCARTS

« *SO MUCH FOR PATHOS* » – « CUEILLIR DES ROSES AU MILIEU DES ÉPINES » (Barthes et Sade)

> Il est merveilleux que le devenir soit nécessairement composé de revenirs, comme il est merveilleux que le venu revienne. À chaque instant, tout est nouveau ; à chaque instant, tout est ancien[1].

> La tristesse n'est pas une chambre[2].

La jouissance devrait-elle l'être ? L'analyse de deux figures barthésiennes, celle de « Mettre de l'ordre » (où l'innocent Brahms est présent) et celle de « Cacher la Femme », devrait confirmer cette hypothèse initiale en cernant trois concepts sadiens que Barthes met en lumière : l'ordre, la beauté et la délicatesse. Ces derniers se conjugueraient ici, non à travers l'ivresse des analyses « sérieuses », dont celle de Lacan, mais *via* Mallarmé et Valéry. Cette nuance semble confirmée par le texte inédit de Barthes, publié récemment dans *Album, Inédits et varia*, « Valéry et la rhétorique » – non pas « l'extase » de Blanchot, de Bataille ou de Lacan, ni celle encore de la transgression (quelle transgression aujourd'hui ?), mais tout au plus « une rose dans les ténèbres », comme l'énonce Mallarmé dans « Surgi de la croupe et du bond[3] ». Les roses sadiennes sont nombreuses… De « *so much for pathos* » à « cueillir des

1 Paul Valéry, *Cahiers, I*, Paris, Gallimard, « Bibliothèque de la Pléiade », éd. J. Robinson, 1973, p. 1237.

2 Pascal Quignard, *Princesse Vieille Reine, cinq contes*, Paris, Galilée, 2015, p. 29.

3 « Surgi de la croupe et du bond » : « D'une verrerie éphémère / Sans fleurir la veillée amère / Le col ignoré s'interrompt. // Je crois bien que deux bouches n'ont / Bu, ni son amant ni ma mère, / Jamais à la même Chimère, / Moi, sylphe de ce froid plafond ! // Le

roses au milieu des épines », du « sérieux » au « *spooning* » et « *forking* », le texte sadien confirmerait, aux yeux de Barthes, non son « contenu grossier », mais un « principe de délicatesse » (notamment dans *Sade II*) ; il poserait, non pas la question du sensible ou de l'intelligible, mais celle du « goût » et *du* rhétorique.

« En toutes ces questions, ce sont d'abord les problèmes qu'il faut trouver – et ne pas prendre pour des problèmes de la chose ce qui n'est que problèmes de lexicologie[4]. »

« *SO MUCH FOR PATHOS* » – « METTRE DE L'ORDRE » (ORGIE ET STRIP-TEASE) – LA FIGURE ET LE PLI

Nusquam corpus erat [...] pro corpore florem inveniunt[5].

Quand Didier Éribon accepte imprudemment de parler de l'amour à une conférence, d'où naît son *Échapper à la psychanalyse* (2005), il commence par relire Sartre et Lacan pour en venir à Barthes. Notre propos répète ce pli et commence par le *sketch* du *Flying Circus* des *Monty Python*, « *So much for pathos* », qui ridiculise non seulement le stéréotype du mari cocu, mais celui de la beauté féminine, écrasante, et d'un certain discours sur cette Beauté qui, tout en comprenant une sentimentalité, une mièvrerie quasi-larmoyante[6], sous-entend la construction du champ de la féminité *via* une certaine définition de la virilité (masculinité[7]),

pur vase d'aucun breuvage / Que l'inexhaustible veuvage / Agonise mais ne consent, / Naïf baiser des plus funèbres ! / À rien expirer annonçant / Une rose dans les ténèbres. »

4 Paul Valéry, *Cahiers*, I, *op. cit.*, p. 1349.

5 « Le corps n'était plus nulle part. À sa place vint une fleur » (Ovide, *Métamorphoses*, III, 509-510, trad. G. Lafaye, Paris, Belles-Lettres, 1925).

6 Le conseiller conjugal dit à Monsieur Arthur Putey, au sujet de sa femme Deidre : « (...) *ravishing wife–her eyes make me think of the Moonlight, soft, gentle, warm and yielding, deeply lyrical, and yet tender and frightened like a tiny little rabbit.* »

7 Le pauvre cocu essaie de s'inspirer en disant : « *You're a Man, Arthur Putey* », mais il n'y réussit pas, en dépit des conseils (phrases toutes faites de John Cleese, affublé en cowboy noir), et reçoit des coups de fouet du chevalier en armure. Le sketch s'achève sur la devise : « *So much for pathos* ».

et celle de la Beauté à travers la divinisation de la femme devenue tout d'abord majuscule puis pur signe.

Du sketch « *So much for pathos* » (dans le sens étymologique du terme) à « cueillir des roses au milieu des épines », tout se déroule dans l'interstice. Il n'y a que le Sade barthésien qui a droit au « *sequel* », de « Sade I » à « Sade II », pour dire leur différence (con)textuelle. Car, si toute pensée – selon l'allégorie photographique de Benjamin – a besoin de trouver le temps de sa « révélation », l'œuvre de Barthes avait peut-être besoin de se libérer de l'ombre biographique de son auteur pour émerger dans toute sa finesse.

Les « dimensions » du texte barthésien sur Sade, même s'il se conjugue en deux parties, ne peuvent rivaliser avec les dimensions et le caractère protéiforme de l'œuvre de Sade : le désir y est toujours différé, la mer, que Sade détestait, « toujours recommencée[8] ». Si le désir est toujours relancé, c'est qu'il relève de l'imaginaire, comme une *veduta* sur l'infini. L'écriture sadienne, comme écriture « combinatoire », est dès l'abord « spatialisée » et « théâtralisée ». Elle se donne un territoire et une forme, offre une visibilité qui dépasse celle de la simple image stylistique, sans pour autant tomber dans les travers exhaustifs de l'*ekphrasis*. Car, bien que voulant « tout dire », Sade ne cesse, paradoxalement, de *présenter* (et non tant de représenter) les images qui ne cessent de décadrer ce qui s'offre au lecteur au moment même de la lecture. De la sorte, sa parole n'en devient que plus forte, voire « inatteignable » par le figural : Barthes postule la création du plus pur des langages, entièrement positif – qui diffère de la thèse du « positif » de Pierre-Henri Castel[9], en *crescendo* dans son ontologie du mal –, et centré sur la perversion qui « rend heureux », bien qu'elle ne se résume pas à la création de livres qu'on ne lirait que d'une main. Sade ne tomberait décidément pas dans le gouffre de la pornographie et de son idéalisme/utopisme. Dans ce cas, le travail de l'écriture se résumerait en un *faire voir* (« Imiter le livre » comme « appliquer le livre » de la *Préparation du roman* chez Sade et chez *Bouvard et Pécuchet)* au lieu d'un *comme si*. Or, ce *faire voir* devrait permettre d'éviter les écueils de la totalisation et le travail artistique

8 Paul Valéry, « Le Cimetière marin », dans *Œuvres, 1*, Paris, Gallimard, « Bibliothèque de la Pléiade », éd. J. Hytier, 1957, p. 147-151.

9 *Cf.* Pierre-Henri Castel, *Pervers, analyse d'un concept*, suivi de *Sade à Rome*, Montreuil-sous-Bois, Les Éditions d'Ithaque, 2014.

serait donc la mise au jour de cette « visible réserve », de cette « Oisiveté, mais pleine de pouvoir[10] », encore un mot très cher au Barthes de *Vita Nova*. Cette quête rappelle celle de Valéry, qui rappelle à son tour une reformulation du blanc mallarméen : l'image du pli, qui n'est pas seulement espace et intervalle, mais le lieu d'une pluralité infraprésente nommée « Implexe ». Dans un jeu complexe entre le potentiel dynamique et l'acte, Sade s'avance vers un nouvel ordre figuratif, celui de l'orgie, qui ne trouve son efficace que dans une rythmique généralisée des postures qui rappelle la danse – non pas « l'innocent Brahms » que mentionne Barthes, mais plutôt un menuet. Cette conjecture pourrait aider à analyser le statut particulier du corps dans ces ébats ; la danse, art du mouvement et donc de la transformation, unirait le « mettre de l'ordre » à « un principe de délicatesse » en conjuguant le corps comme un transformateur de champ, une métamorphose en devenir à l'image du vivant lui-même[11].

La Figure « Mettre de l'ordre » de « Sade II » invite à une lecture non pas symbolisante mais picturale et fantasmatique. La primauté du visuel, voire de l'imaginaire, fait du statut de l'image non seulement une simple illustration (« application »), ni un simple support premier d'une réflexion (quoiqu'on y reconnaisse tout le discours libertin et ses exégèses). Le « peu de texte » que « Mettre de l'ordre » comprend – le fragmentaire oblige – semblable aux masses lisibles dans leur indétermination, va venir s'offrir en regard de l'image, à sa lisière. Ici la distance est requise, obligatoire – la « scène » sadienne implique toujours un « tableau », une théâtralisation du désir – et le choix barthésien des fragments devrait permettre d'échapper à l'ordre du logos par ce qui est nommé « aléatoire », à sa cohérence et à sa normalisation. Tout en incarnant encore un parangon barthésien, son souci relève du *variegato*, une résurgence du *poïkilon* à l'époque de la Renaissance italienne, ce principe de variété qui est à la fois esthétique et éthique (politique) dès le début[12]. Dans

10 Paul Valéry, « Le Cimetière marin », *op. cit.*, p. 148.

11 Valéry anticipait dans sa *Philosophie de la Danse* le lien souterrain et profond entre la danse et le vivant : « Toute époque qui a compris le corps humain, ou qui a éprouvé, du moins, le sentiment du mystère de cette organisation [...] a cultivé, vénéré la Danse [...], un art fondamental [...] déduit de la vie même » (Paul Valéry, « Philosophie de la Danse », dans *Œuvres, II*, Paris, Gallimard, « Bibliothèque de la Pléiade », 1960, p. 1394).

12 Le *poïkilon* de Platon (*République)*, tout en rappelant le caractère « irascible et bigarré » (*aganaktêtikon te kai poïkilon, Lois* 605a) des héros d'Homère (l'Ulysse « *poïkilomêtès* »,

une relation de quasi-empathie, ce « peu de texte » accompagne, au sens quasi musical, ce que la vue peut saisir en un coup d'œil et ce que le fantasme raconte. Ainsi l'écrit « crayonné » de Barthes traduit-il non pas un goût de l'esquisse, mais l'espace de la marge qui agit comme une mise en scène du texte à venir, sous la forme d'une introduction aux prescriptions énoncées mais dont la formulation détachée témoigne d'une invitation faite au lecteur – un appel à faire l'œuvre, ou plutôt au faire de l'œuvre, à ce qui en elle toujours recommence.

Paradoxalement et ironiquement, la figure barthésienne qui essaie d'instaurer un ordre, « Mettre de l'ordre », n'en montre pas moins son caractère frêle et friable. Y éclate le partage entre le discursif et le figuratif, entre Dire et Montrer, et le mot heureux de *figural* de Lyotard, dans *Discours, figure*, qui le dit comme potentialité, un virtuel toujours inchoatif. Depuis cette textualité barthésienne fortement marquée par sa lisibilité, on passe d'une faillite de l'imagerie à la reconnaissance de ce qui s'origine sous le nom de figural : aussi pouvons-nous y voir à la fois un destin de l'*ekphrasis* et la « spatialisation » des figures de l'imaginaire. On en revient à « parler transport ». « Ce corps bien éclairé », en pleine lumière, dont parle Barthes dans un cabaret parisien à travestis, rappelle bien l'axiome mallarméen du *Crayonné au théâtre* (1886) : « ce n'étaient point des femmes et elles ne dansaient pas ».

Dans ce corps à corps intellectuel avec Sade, dans leur menuet à eux, Barthes pointe du doigt que la figure « Mettre de l'ordre » essaie de mettre en question une certaine lecture de Sade, celle qui le déclare monotone et répétitif. « C'est qu'il y a dans l'esprit je ne sais quelle horreur (j'allais dire *phobie*) de la *répétition*. [...] Il tend toujours à trouver la loi d'une suite, à passer à la limite (comme disent les mathématiciens), c'est-à-dire à dominer, à surmonter, à épuiser en quelque sorte la répétition prévue[13] ». Le principe sadien de « tout dire » et tout régler, profondément utopique/idéaliste, tente d'oublier ce que postule déjà Wittgenstein (*Recherches philosophiques*) : en mettant à nu l'articulation

---

Iliade, I, 482) et du Prométhée d'Eschyle (*Théogonie*, v. 511 ; *Prométhée enchaîné*, v. 310), souligne la « bigarrure » subversive de la démocratie, telle une « robe dans laquelle sont insérées des fleurs multicolores » (*République*, 557c-561e) que les masses adorent. D'où la *Poïkilé stoa*, le Poécile, portique bigarré, que les Athéniens installent sur l'Acropole et que l'empereur Hadrien reproduit dans sa Villa Hadriana à Tivoli.

13 Paul Valéry, « La politique de l'esprit », dans *Œuvres, I*, *op. cit.*, p. 1026.

primordiale entre la règle et sa mise en pratique, toute règle est fondamentalement sous-déterminée par rapport à son application[14].

Quant au désir que Sade essaie de cerner, il fait voir à la fois l'infini esthétique et le désir de l'image : déjà Valéry déjouait le système circulaire désir-possession ouvrant une brèche, un dépassement d'une telle conception symétrique. Le désir esthétique est fondamentalement asymétrique, tout comme le désir sexuel, et jamais comblé et comblant : « Pour pouvoir désirer, il faut désirer autre chose[15] ». Cela revient à dire que pour pouvoir désirer, il faut pouvoir désirer *autre que la chose*. C'est là que Valéry fait se rejoindre Sade et Barthes : le désir authentique doit être un désir, non seulement de ce qu'il ne possède pas, mais de ce qu'il ne possédera jamais. Ce qui est désiré n'est jamais de l'ordre du physique, mais de l'imaginaire. Le désir est la scène de ce « développement infini » qui consiste à « produire soi-même des images », encore et encore. Le désir serait donc fondamentalement sans objet et, par conséquent, sans objectif, de l'infini qu'on ne peut jamais ramener à soi. Sade se situe, et Barthes le reconnaît, face à cette mise en abyme étourdissante qui fait que tout désir ne peut être que désir d'un autre désir, « désir de désir[16] » vertigineux qu'étoffent les images. Ce qui refait surface, c'est la célèbre formule qui inspira jusqu'à Pierre Boulez, et qui peut expliquer la singularité de la démarche sadienne – le « pli selon pli[17] » mallarméen.

Entre disponibilité et retrait, entre présentation et occultation, le pli est l'éventail du désir. Jouant de l'apparition/disparition, le *ptyx* évoqué dans le sonnet en –x des *Poésies*[18] et qui n'est autre que le mot grec pour « pli[19] », est de fait la formule singulière, et pourtant socialisée, d'un désir qui se donne à voir et à la fois se soustrait, que Barthes assigne à

14 L'idée du jeu exige qu'il comprend une part d'indéterminé et permet un usage fécond de la marge interprétative, laissée en friche par la règle, sinon cette dernière devient automatiquement inapplicable et le jeu injouable.

15 Paul Valéry, « L'Infini esthétique », dans *Œuvres, II, op. cit.*, p. 1344.

16 *Id.*, p. 1344.

17 Stéphane Mallarmé, « Remémoration d'amis belges », dans *Œuvres complètes*, H. Mondor et G. Jean-Aubry, Paris, Gallimard, « Bibliothèque de la Pléiade », 1945, p. 60. Sur le motif du pli chez Mallarmé voir Hidetaki Ishida, « Pli selon pli », in *Europe*, n° 825-826, janvier-février 1998, p. 92-103.

18 Stéphane Mallarmé, « Ses purs ongles très haut… », dans *Œuvres complètes*, *op. cit.*, p. 68.

19 L'affirmation de Mallarmé (lettre à Lefébure du 3 mai 1868, *Correspondance*, Paris, Gallimard, 1959-1985, tome I, p. 274) selon laquelle il ne connaît pas le sens du mot « ptyx » et que de toute façon celui-ci n'en a pas, est plus que douteuse.

la sexualité dite « moderne », « anti-sadienne » (mais pas anti-sadique). L'éventail, même celui des magasins de *frivolités*, en serait une bonne incarnation, comme l'image du dispositif mouvant de « l'intermittence[20] » barthésienne ; au siècle d'or de l'éventail, du Roi-Soleil à Marie-Antoinette, l'éventail est étrangement absent des œuvres de Sade. Il n'y en a aucune mention ni dans *La Philosophie dans le boudoir*, ni dans *Juliette*, ni dans *Justine*, ni dans la *Nouvelle Justine*, qui, par contre, pullulent en bibelots, appareils et accessoires, depuis l'époque des malles italiennes.

Selon Barthes, l'érotisme sadien serait un « contre-strip-tease » sans mots gazés, tout corseté dans une conception du « *party man* », l'homme du parti, qui refuse cette légèreté toute d'apparence, cette délicatesse aérienne et le jeu subtil d'une séduction codifiée à la Laclos. L'éventail, comme une étoffe au contact du corps, en définit non seulement les lignes mais aussi les actes et les situations ; il n'est plus l'écran entre le visible et l'invisible, ni une séparation, mais une *articulation.* De l'éventail comme surface de projection et écran d'occultation on passe à l'éventail comme mécanisme élastique d'implication et d'explication. Suivant cette idée, Deleuze n'a pas hésité à faire de Mallarmé « un grand poète baroque[21] » et comparer l'intérieur mallarméen à celui de la monade leibnizienne. L'éventail[22] – objet sadien inexistant qui, rapproché de la figure du « strip-tease » et son contraire, rappelle aussi que les postures sadiennes, dont on a tant glosé, réitérées et variées jusqu'à la dépersonnalisation de ses acteurs, que postule déjà Susan Sontag dans « L'imagination pornographique[23] », *coupent* cet espace fermé, parfois

20 « L'endroit le plus érotique d'un corps n'est-il pas *là où le vêtement bâille* ? Dans la perversion (qui est le régime du plaisir textuel) il n'y a pas de "zones érogènes" (expression du reste assez casse-pieds) ; c'est l'intermittence, comme l'a bien dit la psychanalyse, qui est érotique : celle de la peau qui scintille entre deux pièces (le pantalon et le tricot), entre deux bords (la chemise entrouverte, le gant et la manche) ; c'est ce scintillement même qui séduit, ou encore : la mise en scène d'une apparition-disparition. » (Roland Barthes, *Le Plaisir du texte*, dans *OC IV*, p. 223).

21 Gilles Deleuze, *Le Pli. Leibniz et le baroque*, Paris, Minuit, coll. « Critique », Paris, 1988, p. 43.

22 Dans « Éventail de Mademoiselle Mallarmé » (*Id.*, p. 58), Mallarmé parle de l'« unanime pli » qui recueille en son sein ce « rire qui "s'ensevelit" » et fait voir l'éventail comme une forme qui s'offre au regard, et qui est à la fois structure et contenu, et qui, dans le plié-déplié de son mouvement, laisse entrevoir la possibilité de concilier le mode linéaire du discours et celui, global, de la vision.

23 Susan Sontag, « L'imagination pornographique » dans *L'œuvre parle, Œuvres complètes*, V, Paris, Christian Bourgois Éditeur, 2010, p. 341-400. Le titre original est *Against*

ouvert aux curieux (voyeurs), du reste du monde pour en faire un univers strictement réparti en libertins et victimes. Un ordre non seulement visuel, mais proprement théâtral, est créé à partir de la reprise de ce qui se donne comme presque identique, ayant subi un léger décalage, à peine une altération : la démultiplication, dictée par le rythme, s'effectue par différentiation *dans le temps* et *dans l'espace*. La norme, le cadre et le principe de fixation érigé en principe de séparation et de distinction, sont montrés dans leur confrontation avec ce qui les ruine : du pli comme figuration on passerait au pli comme événement. Or, le passage de la figure au processus s'opère à l'intérieur même de l'œuvre : chez Sade, la subversion de la théâtralité et de ses codes passe, entre autres, par une remise en question de sa grammaire représentationnelle. L'irréalisation, visible dans le refus sadien de passer du plié aux pliures ; le corps, au-delà de l'anonymat et de l'absence d'expressivité du visage (le *topos* du film pornographique « moderne »), ne manifeste aucune fatigue, aucune lassitude, aucune pesanteur et aucune habitude – les filles sont toujours partantes, et la scène, lieu potentiel d'une écriture corporelle, est dégradée puisque pervertie par ce qui l'affaiblit, soit l'« imbécillité, la traditionnelle plantation de décors permanents ou stables[24] ».

Rappelant la figure barthésienne du texte sadien comme « tissu de haillons » et le caractère utopique de tout texte érotique / pornographique dans son exigence d'une « amplification imaginaire » du spectateur (« Un Lieu se présente, scène, majoration devant tous du spectacle de Soi[25] »),

---

Interpretation and Other essays, sorti en 1961 (la première traduction remontant à 1968, aux Éditions du Seuil).

24 Stéphane Mallarmé, « Crayonné au théâtre », dans *Œuvres complètes*, *op. cit.*, p. 309. La critique mallarméenne pointe l'ornement dans sa valeur hiératique, stabilisant la distribution définitive des rôles (dans l'univers sadien, celle entre les libertins et leurs victimes). Valéry s'en rapproche dans les brèves notes sur la question de l'ornement, où il souligne son effet régulateur dans la conception classique (Racine). Il devait assurer la continuité du discours en le soutenant du dehors, tandis qu'à l'époque moderne, « l'ornement rompt le discours » (Paul Valéry, *Cahiers II*, *op. cit.*, p. 1183), comme le rappelle aussi *Le Plaisir du texte (OC IV*, p. 221). Or, il n'a jamais réalisé son projet d'une « histoire de l'ornement » (Paul Valéry, « Orientem versus », dans *Œuvres*, II, *op. cit.*, p. 1044) qu'annonce le plan de 1892-1893. En fait, l'ornement est un objet troublant depuis Kant (Emmanuel Kant, *Critique de la faculté de juger*, Partie I, « Analytique du Beau », § 14, trad. Jules Barni, Paris, Hatier, 2000). L'ornement serait, donc, supplément (?), surplus ou reste de l'œuvre et la liberté de l'ornement, selon Valéry, une « liberté restante » (*Cahiers* II, *op. cit.*, p. 1061). Voir Jacques Derrida, *La vérité en peinture*, Paris, Flammarion, 1978.

25 Stéphane Mallarmé, « Quant au Livre. L'action restreinte », dans *Œuvres complètes*, *op. cit.*, p. 370.

le *tableau* du « menuet » sadien y devient *scène*, débarrassée de tout ce qui la réduisait à un décor ou à une narration, donnant une visibilité au texte comme tissu, non pas tissé et déjà orné de motifs, mais signalant plutôt son aspect processuel, dans lequel le sujet se dépersonnalise tout en s'actualisant, faisant un avec la matière même de son objet. Barthes dit que tout texte est toujours une « toile[26] ».

Le concept mallarméen de la danse de Fuller, où le texte-texture de la danseuse produit sa propre multiplication, devenant « fontaine intarissable d'elle-même[27] » met en évidence que l'entrelacs du tissu serait de la même matière que l'être qui l'habite. De fait, le *Crayonné au théâtre* annonce déjà *Un coup de dés ;* l'esthétique de la page s'y transforme en une rythmique du pli, et son *inhérence* en est, selon Deleuze, le premier principe[28]. Le rejoint l'« implexe » valéryen, qui succéderait au « blanc » mallarméen en terme de *dynamis* ; générateur d'événementiel, il est le moment encore indéterminé dont procédera toute forme à venir et l'articulation rythmique qui implique et explique la forme après que la figure se défait. Ainsi l'implexe est-il une puissance figurale qui indique une « *combinatoire* », « une *secrète puissance d'éventuels*, que *l'on sent plus ou moins entière*, et ses éléments plus ou moins déliés (staccati) et distincts[29] ».

Le « menuet » sadien, rappelant le geste dansé, rend l'espace visible et le fait ainsi émerger dans cet effet d'*espacement*, pour ceux qui le font et ceux qui le contemplent : « Retrouver le Même, c'est changer d'Autre[30] ». De Loïe Fuller, Mallarmé et Valéry jusqu'à « Cacher la Femme » du Sade barthésien, le mouvement est le même, révélant moins

26 « *Texte* veut dire *Tissu* ; mais alors que jusqu'ici on a toujours pris ce tissu pour un produit, un voile tout fait, derrière lequel se tient, plus ou moins caché, le sens (la vérité), nous accentuons maintenant, dans le tissu, l'idée générative que le texte se fait, se travaille à travers un entrelacs perpétuel ; perdu dans ce tissu – cette texture – le sujet s'y défait, telle une araignée qui se dissoudrait elle-même dans les sécrétions constructives de sa toile. Si nous aimions les néologismes, nous pourrions définir la théorie du texte comme une *hyphologie* (*hyphos*, c'est le tissu et la toile d'araignée). » (Roland Barthes, *Le Plaisir du texte*, Paris, Seuil, 2000, p. 126 / *OC IV*, p. 259).

27 Stéphane Mallarmé, « Crayonné au théâtre », *op. cit.*, p. 311.

28 Gilles Deleuze, *op. cit.*, p. 31.

29 Paul Valéry, *Cahiers*, II, *op. cit.*, p. 318. Au sujet de l'espacement voir Jacques Derrida, *Positions*, Paris, Éditions de Minuit, 1972, p. 107-108 et Philippe Lacoue-Labarthe, Jean-Luc Nancy, *Scène : Suivi du Dialogue sur le dialogue*, Paris, Christian Bourgois Éditeur, 2013.

30 Paul Valéry, *Cahiers*, I, *op. cit.*, p. 1309.

un corps qu'un état du corps : l'ensemble dynamique offusque la femme « dans une obnubilation de tissus[31] » matériels et textuels « jusqu'à la dissoudre[32] ». Dans les deux cas, la femme disparaît pour renaître en tant que Femme, pur signe, signe de la Beauté, qui pourtant n'est en proie à aucune victimisation et rejette toute essentialisation.

« CUEILLIR DES ROSES AU MILIEU DES ÉPINES » – « CACHER LA FEMME » ET LE PROBLÈME DU PUR SIGNE (BEAUTÉ)

La *Préparation du roman I et II*[33], tout comme la conférence « Longtemps, je me suis couché de bonne heure », prononcée au Collège de France quelques semaines plus tôt, le 19 octobre 1978, disent que le roman

31 Stéphane Mallarmé, « Quant au Livre. L'action restreinte », *op. cit.*, p. 370.

32 Stéphane Mallarmé, « Crayonné au théâtre », *op. cit.*, p. 309.

33 « Code et Fantasme : problème important. [...] Fantasmes "subtils", "originaux" : peuvent exister mais selon une marginalité presque indicible ; ils ne peuvent se faire entendre, sauf à passer à l'ordre littéraire = Sade : très conscient, obstinément conscient du problème ; élaboration minutieuse de catalogues des fantasmes non codés (*Cent vingt journées*) ou plutôt : des variations du fantasme à l'intérieur d'une catégorie très codée (nécrophilie, scatophilie, sadisme, etc.) → Probablement, même dialectique de la Langue / Parole pour le Fantasme d'écriture : pour fonctionner, le fantasme (de Poème, de Roman) doit rester à même une image grossière, codée : *le* Poème, *le* Roman → Ce nest quen luttant avec le réel (la *pratique* poétique, romanesque) que le fantasme se perd comme fantasme et atteint le Subtil, l'Inouï [...] » (Roland Barthes, *La Préparation du roman I et II, Cours et séminaires au Collège de France (1978-1979 et 1979-1980)*, texte établi, annoté et présenté par Nathalie Léger, Éditions du Seuil / IMEC, « traces écrites », 2003, p. 36). « Donc, en un sens, le Roman est fantasmé comme "acte d'amour" (expression exécrable, qui m'expose à l'accusation de sensiblerie et de banalité, mais pas d'autre ; et après tout, il faut assumer les limites de la langue). Il ne s'agit pas (plus) d'amour amoureux, mais d'amour-*Agapè* (même si rémanence constante d'Éros). Amour amoureux = parler de soi-amoureux = lyrique ; tandis que l'Amour-*Agapè* : parler des autres qu'on aime (Roman). En effet : a) "*Dire ceux qu'on aime.*" Aimer + écrire = rendre justice à ceux qu'on a connus et aimés, c'est-à-dire *témoigner* pour eux (au sens religieux), c'est-à-dire les immortaliser. "Peindre ceux qu'on aime". Sade, préface aux *Crimes de l'amour (Œuvres complètes*, Cercle du livre précieux, t. IX-X, p. 6 : "Idées sur les romans") : "L'homme est sujet à deux faiblesses qui tiennent à son existence, qui la caractérisent. Partout il faut qu'il *prie*, partout il faut qu'il *aime* ; et voilà la base de tous les romans. Il en a fait pour peindre les êtres qu'il *implorait*, il en a fait pour célébrer ceux qu'il *aimait.*" [...] b) Le Roman aime le monde parce qu'il le brasse et l'*embrasse.* Il y a une générosité du Roman [...], une *effusion*, non sentimentale, puisque médiatisée [...] : Roman : Pratique pour lutter contre la sécheresse du cœur, l'acédie. » (*Id.*, p. 40-41)

doit « me permettre de *dire* ceux que j'aime (Sade, oui, Sade disait que le roman consiste à peindre ceux qu'on aime), et non pas de leur dire que je les aime (ce qui serait un projet proprement lyrique) ; j'espère du Roman une sorte de transcendance de l'égotisme, dans la mesure où dire ceux qu'on aime, c'est témoigner qu'ils n'ont pas vécu (et bien souvent souffert) "pour rien[34]" ».

Les « roses » sadiennes sont nombreuses, Barthes en est conscient[35], depuis celles de la *Philosophie dans le boudoir* à celles de *La Nouvelle Justine*[36] : elles ne ressemblent pas à celles des premiers chapitres de

---

34 *OC V*, *op. cit.*, p. 469.

35 « Dans le / Saké / Pernod / dérobé / En secret il a trempé / Une rose ! / (*cf.* Sade, la rose et la boue) » (Roland Barthes, *La Préparation du roman I et II, Cours et séminaires au Collège de France (1978-1979 et 1979-1980)*, *op. cit.*, p. 64).

36 Dans *La Philosophie dans le boudoir ou Les Instituteurs immoraux*, les roses sont présentes depuis le début ; « Aux libertins » finit par l'invitation à se convaincre « que le malheureux individu connu sous le nom d'homme, et jeté malgré lui sur ce triste univers, peut réussir à *semer quelques roses sur les épines de la vie* » (Paris, Gallimard, folio, 1976, p. 38). S'y ajoutent : les « *roses de Sodome* » (Mme de Saint-Ange, 1er Dialogue, *id.*, p. 45), « La jolie gorge... c'est une *rose à peine épanouie* » (Mme de Saint-Ange, 3e Dialogue, *id.*, p. 53), la devise de Mme de Saint-Ange du 3e Dialogue, « *il y a des épines partout, mais les roses se trouvent au-dessus d'elles dans la carrière du vice* » (*Id.*, p. 84), l'impératif de Dolmancé (3e Dialogue) : « Qu'il poursuive alors sa route avec rapidité, *toutes les épines sont cueillies ; il ne reste plus que des roses* » (*Id.*, p. 99), et le conseil de Dolmancé (5e Dialogue) : « Les femmes ne sont pas faites pour un seul homme, c'est pour tous que les a créées la nature. N'écoutant que cette voix sacrée, qu'elles se livrent indifféremment à tous ceux qui veulent d'elles. Toujours putains, jamais amantes, fuyant l'amour, adorant le plaisir, *ce ne seront plus que des roses qu'elles trouveront dans la carrière de la vie : ce ne seront plus que des fleurs qu'elles nous prodigueront !* » (*Id.*, p. 173-174). *La Nouvelle Justine ou Les Malheurs de la vertu* pullule en références aux roses depuis le chapitre premier (« Introduction. – Justine lancée ») : « Si, pleins d'un respect vain, ridicule et superstitieux pour nos absurdes conventions sociales, il arrive malgré cela que *nous n'ayons rencontré que des ronces, où les méchants ne cueillaient que des roses*, les gens naturellement vicieux par système, par goût, ou par tempérament, ne calculeront-ils pas, avec assez de vraisemblance, qu'il vaut mieux s'abandonner au vice que d'y résister ? » (Paris, Éditions 10/18, Département d'Univers Poche, coll. « Domaine français », 1978, 1, chap. I, p. 23). Ainsi la rose est-elle la métaphore des attraits féminins – de « *le calice de la rose* » (*Id.*, 1, chap. III, p. 77) et « *le calice des roses* » (*Id.*, chap. III, p. 101), à travers « *le petit trognon de rose* » (*Id.*, 1, chap. VI, p. 180), « *des roses effeuillées* » (*Id.*, 1, chap. VI, p. 179) et « *la rose effeuillée* » (*Id.*, 1, chap. XI, p. 410), « *les roses de ce teint d'albâtre* » (*Id.*, 1, chap. VI, p. 226) et « *les roses sodomites du délicieux cul* » (*Id.*, 1, chap. XI, p. 407), jusqu'à « Voilà donc l'homme qui allait *cueillir une rose... un peu flétrie*, on s'en souvient, au moyen des cruelles tentatives de Saint-Florent, mais bien rafraîchie, bien refermée par l'effet d'une aussi longue abstinence, ce qui, sous plus d'un rapport, pouvait encore donner à cette jolie fleur toute la physionomie d'un pucelage » (*Id.*, 1, chap. VII, p. 237) et « *vos premières roses* » (*Id.*, 2, chap. XVIII, p. 339). La rose est la métaphore de la petite fille (« *une petite rose flétrie* », *Id.*, 1, chap. VIII, p. 273), son nom

Monsieur Nicolas de Restif de la Bretonne, blanches, que Victorin va cueillir pour Christine tout en haut d'un grand buisson, et dont les épines vont lui déchirer la main – occasion de dire la gentillesse de la jeune fille (dont se souviendra peut-être Nerval dans ses derniers sonnets – « Roses blanches, tombez... ») ; de l'aventure de Rose Keller le 8 mars 1768, que raconte aussi Restif dans les *Nuits de Paris* (194e nuit) et, transposé à Paris, dans les *Passetemps* du ***, de S*** (284e nuit), au jeune Rose molesté par Saint-Fond, de la langue de rose au fouet de branches de rose, au texte de Bataille sur Sade : « Et le geste confondant du marquis de Sade, enfermé avec les fous, qui se faisait porter les plus belles roses pour en effeuiller les pétales sur le purin d'une fosse[37] ... ».

Les roses cueillies ou à cueillir font voir « l'éclat » de l'Antigone lacanienne[38] analysé par Éric Marty, « la beauté du désir rendu visible comme une image », un fantasme à deux dimensions, ni théâtre, ni drame, bref, « la beauté trop exposée, trop bien produite[39] ». Elles font voir aussi ce qu'en tire Barthes dans « Sade II », ou, plus précisément, ce qu'il lui rend, ce que Marty appelle la « perversion », non pas freudienne, mais quasi-synonymique de l'écriture[40]. En définissant le neutre sadien,

(« *Rose* aura envie de chier », *Id.*, 1, chap. IX, p. 315), ou les délices de son corps : « *sa bouche de rose* » (*Id.*, 1, chap. VIII, p. 274), « les *lèvres roses* du plus bel enfant de l'Amour » (*Id.*, 1, chap. VIII, p. 306) et « même sur ce sein d'albâtre, même sur ces *deux boutons de rose*, que je froisse avec tant de plaisir » (*Id.*, 1, chap. IX, p. 346). Face à l'homme, la femme devient une rose : « *c'est le reptile impur flétrissant une rose : la comparaison a tout peint* » (*Id.*, 1, chap. X, p. 388). Enfin, la rose sert d'exemple dans l'élaboration philosophique des idées sadiennes : « Les trois quarts de l'univers peuvent trouver délicieuse *l'odeur d'une rose*, sans que cela puisse servir de preuve, ni pour condamner le quart qui pourrait la trouver mauvaise, ni pour démontrer que cette odeur soit véritablement agréable » (*Id.*, 1, chap. X, p. 355-356) pour revenir vers l'image du début : « (...) *cueillerait-il* (Sévérino) *les roses avec tant de charmes, s'il en écartait les épines ?* » (*Id.*, 1, chap. X, p. 386). À la fin, il revient à Juliette d'« ouvrir les yeux » à Justine : « Ô fille pusillanime, répondit Juliette, cesse de te surprendre ; je t'avais annoncé tout cela. *J'ai suivi la route du vice, moi, mon enfant ; je n'y ai jamais trouvé que des roses.* Moins philosophe que moi, tes maudits préjugés t'ont fait révérer des chimères ; tu vois où elles t'ont conduite ! » (*Id.*, 2, chap. XX, p. 439) (Nos italiques.)

37 Cité par Chantal Thomas dans *Sade, la dissertation et l'orgie*, Paris, Rivages Poche, 2002, p. 86. Barthes ne le mentionne pas, mais il a substitué la rose au chrysanthème qui termine le poème original cité par Coyaud (Coyaud, *Fourmis sans ombre*, *op. cit.*, p. 34) (Nathalie Léger, *Préparation du Roman I et II*, *op. cit.*, p. 64).

38 Jacques Lacan, *Éthique de la psychanalyse (1959-1960)*, éd. Par J.-A. Miller, Seuil, 1986, dans Éric Marty, *Pourquoi le XXe siècle a-t-il pris Sade au sérieux*, Paris, Seuil, 2011, p. 242-243.

39 *Id.*, p. 304.

40 Éric Marty, *op. cit.*, p. 367.

Marty identifie la lecture barthésienne de *Sarrasine* de Balzac comme le point de départ, voire comme la condition de l'émergence de « Sade II », car *Sarrasine* et *l'Histoire de Juliette* correspondent au niveau du cadre, de l'époque et des personnages[41]. L'analyse de Marty analysant Barthes analysant Sade pointe du doigt que la figure « Cacher la Femme[42] » se transforme d'une « affaire de trous », d'un *multiple choice solutions*, non seulement en un problème de castrat, c'est-à-dire de *féminité*[43], mais finalement en question de la Beauté. Car la Femme, offrant seule, selon Barthes, le choix de la voie à emprunter, devient, *via* la figure du castrat, comme l'essence téléologique, construite et impossible, de la féminité et de la beauté, la *Femme*, pur Signe, torturée et sublimée, déchiquetée et banalisée pour renaître comme « fadeur » et Neutre[44].

BLISS (« JOUISSANCE ») : *SPOONING (OR SPORKING) IS NOT FORKING?*

> Le plaisir du texte, c'est ce moment où mon corps va suivre ses propres idées – car mon corps n'a pas les mêmes idées que moi[45].

À ce moment précis se construit la dernière ruse d'Éric Marty. Non pas tellement dans la définition de l' « expérience théâtrale » de Barthes, apparemment aux antipodes de celle, très noble, de Lacan, mais dans l'évocation de son extrême trivialité, du spectacle de « travestis » dans un cabaret parisien – neutralisation du féminin *par* et *dans* le féminin. À l'instar de la définition de la beauté du corps total, et non pas celui, partiel et morcelé (pornographique ?), mais « un corps vu de loin dans la pleine lumière de la scène ; c'est seulement un corps *très bien éclairé*, et dont l'éclairement même, égal, lointain, efface l'individualité [...]

41 *Id.*, p. 369.
42 Roland Barthes, *OC III*, p. 809.
43 Éric Marty, *op. cit.*, p. 368.
44 *Id.*, p. 375.
45 Roland Barthes, *Le Plaisir du texte*, dans *OC IV*, p. 228.

mais laisse passer la pure vénusté[46] », Marty annonce la Beauté qui est, comme chez Lacan, une affaire de lumière.

Dans son nouveau roman, *La Fille*[47], Marty succède au Barthes de « Sade II ». Claudie succède à La Zambinella. Marty remplace le cabaret parisien de Barthes par l'auberge à Landon, village littéraire à l'extrême nord de la France. Et cependant, ce n'est pas par le sadisme des « forts », « ambiant » et domestiqué, qui fait voir le masochisme de la société tout entière, que Marty succède à Barthes. La fille de Marty, l'image d'une beauté *autre*, pourrait rappeler Justine, car elle serait « violée » par l'assignation d'un nom (générique !) de concept-chose-sens-référence-signification-valeur[48] même par le narrateur époustouflé. Et cependant, c'est la fille elle-même qui cerne son nommable par surimpression – elle se dit « fille », s'engendre elle-même sous le regard ébloui de tous. Son auto-engendrement ferait voir le *principe de délicatesse*, fondement de la perversion chez Barthes, qui lierait deux concepts – l'analyse et la jouissance – pour subvertir le sens de la jouissance, comme disait Barthes, en le pluralisant et pulvérisant[49].

Cette image de la beauté éblouissante occupe un espace qui la distingue de la « chose » et du « concept » de la *fille*. Elle définit elle-même son nom, qui devient un nom propre, « la fille ». Réceptacle de tout ce qui lui vient des autres, elle serait traditionnellement dite être « féminine » par nature, même *vierge* dans un certain sens. Or, elle ne se réduit ni au « mystère de la Femme » ni à la figure « Cacher la Femme ». Elle n'est pas une métaphore incarnée, tout comme la *khôra* derridienne – ici, l'article est purement grammatical – « chasme abyssal[50] », *n'est* ni une mère ni une nourrice ni une femme (son *triton genos* n'est pas un *genos*[51]).

Ainsi Marty écrit-il sa dernière fiction en établissant des rapports corrélatifs entre les termes du « genre » et de la « foi » : le genre comme

46 « Il m'aura suffi d'éprouver une vive commotion devant les corps éclairé du Cabaret parisien pour que les allusions (apparemment fort plates) de Sade à la beauté de ses sujets cessent de m'ennuyer et éclatent à leur tour de toute la lumière et l'intelligence du désir » (Roland Barthes, *Sade, Fourier, Loyola*, dans *OC III*, p. 813).

47 Éric Marty, *La Fille*, Paris, Seuil, 2015.

48 Jacques Derrida, *Khôra*, Paris, Galilée, 1993, p. 31.

49 Roland Barthes, *Sade Fourier Loyola* dans *OC IV*, p. 850.

50 Jacques Derrida, *op. cit.*, p. 46.

51 *Id.*, p. 91.

foi, le genre contre la foi et le genre dans la foi, non pas pour creuser les *queer studies* et en fournir un exemple – tout revient à une question rhétorique, valéryenne et barthésienne – mais pour porter cette nouvelle beauté au-delà du mystère de la chair, de son *secret* et de son corollaire, l'émotionnel (émotif) pathétique et essentialisant. Tout en occupant un espace éminemment politique depuis le début, qui procède depuis l'errance, depuis l'exclusion, qui est de surcroît neutralisée, la fille n'emprunte pas la voie du Socrate du *Timée*, car Socrate, selon Derrida, *feint*[52] et *s'efface*[53]. La fille ne s'efface pas ; elle façonne son être non pas en abusant d'une « ressemblance », c'est-à-dire en la présentant comme une identité, mais en la *sur*déterminant. Si, aux yeux des autres, elle détient un secret, ce n'est pas celui de son genre, mais celui de sa beauté, envoûtante et inexplicable. Marty invente la fille, démiurge insensible, impassible mais sans cruauté, par son « surnom » même, qui déploierait les deux alternatives barthésiennes face au mythe (car elle l'est, pour tous les habitants de Landon) : la poétisation et l'idéologisation[54].

Or, Marty serait plus près de Barthes, et par association, de Sade – par son désir de « savoir » et de « posséder » ce qui est destiné à s'échapper, à « fuir », comme le dit le dernier chapitre du roman – que du Sartre de *L'Être et le néant*, ou même du jeune Deleuze[55] :

> J'admirais l'indépendance parfaite de toutes les parties de son corps. Comme une poupée articulée. Oui, ce qui faisait le génie de Claudie, c'était qu'elle avait un corps et qu'elle le savait. C'était tout ce qu'elle savait. Mais ce n'est pas donné à tout le monde de connaître à fond quelque chose de soi-même. La plupart ne savent rien. Et moi le premier. Si j'étais tombé amoureux de Claudie, c'était peut-être à cause de cela. *Amoureux de ce savoir qu'elle avait de son corps, et que j'aurais aimé lui dérober comme un trésor.* Car cette chose-là était aussi facile à repérer, à identifier, qu'un collier, une perle, ou une bague en or. Moins aisée à prendre pourtant. C'était la raison de mon amour pour elle. L'amour était la clef. Le moyen d'y avoir accès. Une façon de savoir aussi, d'apprendre, comme une initiation. Une manière de briser quelque chose[56].

52 *Id.*, p. 59.

53 *Id.*, p. 60.

54 Roland Barthes, « Le mythe aujourd'hui, dans *OC I*, p. 868.

55 *Cf.* Gilles Deleuze, « Description de la femme. Pour une philosophie d'autrui sexuée », dans *Lettres et autres textes*, édition préparée par David Lapoujade, Paris, Les Éditions de Minuit, 2015, p. 253-265.

56 Éric Marty, *op. cit.*, p. 291-292. Nos italiques.

En tant qu'excès (le « Fé » impossible de Loyola[57] ?), absence de support ou absence comme support, la « fille parfaite[58] » devait, donc, mourir : « Le coup de feu est parti tout seul[59] ». Or, le principe de délicatesse[60], qui clôt « Sade II », est non seulement, comme le nomme Marty[61], le fondement de toutes les perversions, le contraire de la violence, de la mort, de la méchanceté, du sadisme, de l'analyse monolithique de la jouissance perverse, mais un espace du « non-sérieux » sadien. Ce dernier recouvre non seulement l'imaginaire, le fictionnel, mais la « dérive ludico-mythologique » de la philosophie[62]. Ce « non-sérieux » donne au jeu son sérieux, et au sérieux son jeu : *La fille* de Marty n'est pas « excitante » dans le sens barthésien du terme. Elle ne peut l'être, sinon sa beauté se dégonflerait, se diluerait dans le vide du Désir, du Plaisir « *tel que le voit la psychanalyse*[63] », et elle deviendrait une déception. Or, la fille de

57 Roland Barthes, *Sade Fourier Loyola*, *op. cit.*, p. 805.

58 Éric Marty, *op. cit.*, p. 291-292. Nos italiques.

59 *Id.*, p. 293.

60 « Certes, on peut lire Sade selon un projet de violence ; mais on peut le lire aussi (et c'est ce qu'il nous recommande) *selon un principe de délicatesse.* La délicatesse sadienne n'est pas un produit de classe, un attribut de civilisation, un style de culture. C'est une puissance d'analyse et un pouvoir de jouissance : analyse et jouissance se réunissent au profit d'une exaltation inconnue de nos sociétés et qui par là même constitue la plus formidable des utopies. La violence, elle, suit un code usé par des millénaires d'histoire humaine ; et retourner la violence, c'est parler encore le même code. Le *principe de délicatesse* postulé par Sade peut seul constituer, dès lors que les assises de l'Histoire auront changé, une langue absolument nouvelle, la mutation inouïe, appelée à subvertir (non pas inverser, mais plutôt fragmenter, pluraliser, pulvériser) le sens même de la jouissance. » (Roland Barthes, *Sade Fourier Loyola*, *op. cit.*, p. 849-850) « Barthes emprunte la notion à la correspondance où, en réponse à sa femme qui, alors qu'il est prisonnier à la Bastille, lui demande son linge sale, Sade feint de croire que c'est pour y satisfaire une manie sexuelle : "Charmante créature, vous voulez mon linge sale, mon vieux linge ? Savez-vous que c'est d'une délicatesse achevée ! Vous voyez comme je sens le prix des choses. Écoutez, *mon ange*, j'ai toute l'envie du monde de vous satisfaire sur cela, car vous savez que je respecte *les goûts, les fantaisies* : quelques baroques qu'elles soient, je les trouve toutes respectables, et parce qu'on n'en est pas le maître, et parce que la plus singulière et la plus bizarre de toutes, bien analysée, remonte toujours à un principe de délicatesse". » (Lettre datée du 23-24 novembre 1783, dans *Lettres à sa femme*, présentées par Marc Buffat, Babel, 1997, p. 417. Citée par Barthes, *Sade Fourier Loyola*, *op. cit.*, p. 849, citée par Éric Marty, *Pourquoi le* XX*e siècle a-t-il pris Sade au sérieux ?*, *op. cit.*, p. 381). Marty l'identifie chez Noirceuil comme "métaphysique de la jouissance" (*Histoire de Juliette*, t. I, 2e partie, p. 331) et le retrouve chez Pier Paolo Pasolini (*Salò*).

61 Éric Marty, *op. cit.*, p. 381-382.

62 Jacques Derrida, *op. cit.*, p. 41.

63 Roland Barthes, *Le Plaisir du texte*, dans *OC IV*, p. 255.

Marty *est* la littérature, toute faite des signes inscrits sur son corps, par elle-même et par d'autres, et non seulement parce qu'elle tient « toujours son livre imaginaire ouvert, qui n'est que ses deux mains[64] », qu'elle « lit », en silence, et qu'elle est heureuse.

Marty le confirme en se rapprochant, paradoxalement, du « ça granule, ça grésille, ça caresse, ça râpe, ça coupe : ça jouit[65] » barthésien et du neutre du plaisir à travers le savoir inaliénable et inatteignable du corps *figural* d'autrui. Aussi la délicatesse, presque impossible, met-elle en lumière que la jouissance est une chambre et que la perversion, décidément, « rend heureux[66] ».

Maja VUKUŠIĆ ZORICA
Université de Zagreb

64 Pascal Quignard, *Princesse Vieille Reine, cinq contes*, Paris, Galilée, 2015, p. 56.

65 *Id.*, p. 261.

66 « La Loi, la Doxa, la Science ne veulent pas comprendre que la perversion, tout simplement, *rend heureux* » (« La déesse H. », dans *Roland Barthes par Roland Barthes, OC IV*, p. 643).

LA DÉLICATESSE CONTRE/AVEC L'ENGAGEMENT

Barthes en Roumanie

> D'abord mon existence est-elle sans Dieu ? (…) Cette question est au-delà des mots. Oui ou non n'épuisent pas mon être sur ce point ; et voilà pourquoi je veux avoir la probité de me placer au-delà des mots. Cela se passe dans une zone si pure de moi-même, que l'erreur commence avec le verbe[1].

La délicatesse est une des figures du Neutre, alors que l'engagement participe de l'imaginaire du Pouvoir. Dans les *Fragments d'un discours amoureux*, mais aussi lors des premiers cours que Barthes donne au Collège de France, *Comment vivre ensemble* et *le Neutre*, la délicatesse apparaît en tant qu'équivalence possible de la *discretio* bénédictine, qualité morale et intellectuelle en même temps. La discrétion / la délicatesse est une expression de l'idéal du vivre et de l'écrire chez Barthes : une Cause majuscule, pour reprendre un autre terme de *Comment vivre ensemble*, un objet inattendu d'un engagement particulier. Or, bien avant ces réflexions morales, dans les années 1940, alors que Roland Barthes n'était pas encore un écrivain – ni un auteur –, il passe à Bucarest ses deux premières années de travail, après la fin de ses études et la rémission de la tuberculose. Il y travaille en tant que bibliothécaire, enseignant et finalement directeur de l'Institut français de Bucarest, il vit à la fois des moments d'Histoire et des moments d'intimité, avec discrétion dans les deux cas. Sa discrétion lui attirera les foudres de ceux qui attendaient de

1 Roland Barthes, Correspondance avec Robert David, « Lettre de jeudi 8 décembre 1944 », feuillets 38-42, Fonds Barthes, BNF.

lui, toujours sur les plans séparés de l'Histoire et de l'intimité, ou bien plus d'engagement politique (être juste) ou bien plus de passion en termes de fidélité, voire de sacrifice (être bon). Comment concevoir, dès lors, cette figure mouvante, non-paradigmatique, d'engagement-délicatesse qui est une marque puissante de l'œuvre barthésienne ?

Notre propos s'attachera à expliciter ce qu'on pourrait appeler une *pose* barthésienne intenable à première vue : celle où Roland Barthes est à la fois un sujet intellectuel qui s'engage (position « critique ») et qui aime (position « affective »). Pose intenable du fait que l'engagement possède déjà son mythe, son revêtement affectif, fait d'*hubris*. Ayant recours tout d'abord à son œuvre, nous allons essayer de la situer au croisement de la délicatesse et de l'engagement, et montrer comment les deux attitudes sont à la fois des traits moraux et esthétiques au sens particulier que Barthes précise. Nous reconstituerons ensuite quelques épisodes du contexte historique et biographique de Barthes en Roumanie : les expériences (brutales mais retirées) de l'Histoire et les expériences (hédonistes mais discrètes) de l'amour. Chacun de ces deux plans aurait pu prendre le pas sur l'autre : Barthes aurait pu devenir un « anti-communiste farouche » et, partant, contempteur de Marx et de son discours (celui que Marx aurait « inventé », selon son mot) ; d'autre part, sa vie amoureuse, riche, aurait pu le rendre insensible aux signes de l'histoire, et Barthes aurait pu se complaire aux délices de la séduction qui auraient pu engendrer une certaine écriture personnelle (un « journal »).

Or, Barthes a refusé ces deux figures. Il a fait jouer intellect et plaisir l'un *pour* l'autre, chacun agissant à tour de rôle en critique de l'autre, ou pour peut-être mieux le dire en *conscience de l'autre* : il a su trouver une raison intellectuelle du plaisir (le plaisir qui prélude et motive le savoir, c'est le plaisir attaché à la réflexion) et une raison affective de l'épistémologique (on change de discours pour susciter le plaisir, pour ne pas s'ennuyer).

ENGAGEMENT-DÉLICATESSE : UNE FIGURE INNOMMABLE

Comment dire l'affection et l'engagement dans un même discours ? Comment mettre ensemble ce qui appartient à un attachement primesautier pour une Cause[2], ce qui appelle le plaidoyer[3], et l'irréductible en tant qu'individuation[4] ? Comment donner son assentiment sans choisir[5] ? Comment s'engager pour une cause alors qu'on loge l'analyse au cœur même du mot « cause », pour y séparer une « cause » (le pourquoi) et la « Cause » (le pour-quoi)[6] ?

Si l'engagement et la délicatesse se côtoient dans l'œuvre de Barthes, ce n'est pas que Barthes fût parti de l'engagement (le « sérieux ») pour arriver à la délicatesse (le « frivole ») par déception. Barthes n'a jamais été un marxiste « désenchanté », un repenti, comme ce fut le cas de tant d'intellectuels de l'Est. Quand il convient que « l'écriture d'ultra-avant-garde est une écriture illisible[7] », il ajoute qu'elle reste « très importante ». Quand il donne ses cours au Collège de France, il ne se considère plus comme un intellectuel « marxiste », mais il ne cesse pas de faire de Marx une référence constante : Marx, Mallarmé, Nietzsche, Freud restent pour lui les penseurs majeurs du XXe siècle[8]. Or, cette

2 « Dans l'incident, ce n'est pas la cause qui me retient et retentit en moi, c'est la structure. Toute la structure de la relation vient en moi comme on tire une nappe [...] je ne cherche pas les causes ; je vois avec effroi l'ampleur de la situation dans laquelle je suis pris. » Roland Barthes, « Contingences », *Fragments d'un discours amoureux*, Paris, Seuil, 1977, p. 84 / *OC V*, *op. cit.*, p. 100.

3 Et pour cause, car « nul ne peut *plaider* contre la structure » – plaider c'est déjà se situer dans un camp. Voir Roland Barthes, « Identifications », dans *Fragments d'un discours amoureux*, *op. cit.*, p. 155 / *OC V*, p. 168.

4 Car l'irrespect de l'individuation c'est la réduction d'un état individuel à « une explication ou une classification générale », Roland Barthes, *Le Neutre : Cours au Collège de France, 1977-1978*. Texte établi, annoté et présenté par Thomas Clerc, Paris, Seuil-IMEC, p. 66.

5 Allusion à « Assentiment, non le choix », titre de « Roland Barthes par Roland Barthes », *OC IV*, *op. cit.*, p. 628. Voir également « Alors, la Chine ? », *OC IV*, *op. cit.*, p. 516.

6 Roland Barthes, *Comment vivre ensemble. Cours et séminaires au Collège de France, 1976-1977*. Texte établi, annoté et présenté par Claude Coste, Paris, Seuil-IMEC, p. 78.

7 *OC IV*, *op. cit.*, p. 479.

8 *Comment vivre ensemble*, *op. cit.*, p. 36. Marx reste, pour Barthes, l'un des grands penseurs du pouvoir discursif, voir par exemple « La division des langages », *OC IV*, *op. cit.*, p. 356.

horreur des « extrémismes[9] » est, pour Barthes, un engagement ; son respect de la pensée qui ne se laisse pas souiller par la moralisation est déjà un exemple de délicatesse, au sens de la discrétion, du *discernere* : car on ne peut oublier Marx parce qu'*il* aurait été l'agent d'une des plus graves maladies de la modernité. Tout ce qui est général, « un cas qui relève très normalement d'une explication ou d'une classification générale » constitue pour Barthes un « manquement au principe de délicatesse[10] ».

La délicatesse est thématisée dans *Fragments pour un discours amoureux*, et puis notamment en tant que figure dans *Le Neutre*, quoiqu'elle apparaisse déjà dans *Comment vivre ensemble*. Elle est, dans toutes les occurrences, la figure affective d'une sorte de liberté amoureuse : l'être aimé avec délicatesse est libre en tant qu'objet du « non-vouloir-saisir » : « dé-capturé[11] » ; la délicatesse est une forme de compassion, et la compassion est encore un désistement du pathos de son moi[12] ; la délicatesse est discrétion (« jouissance d'analyse[13] »), en tant que permission donnée à l'autre de demeurer autre ; elle s'oppose à la sincérité, pour autant que la sincérité soit un aveu, un dévoilement, une violence (la délicatesse est aussi l'implicite, alors que la sincérité est une explicitation et comme un soulagement égoïste).

Dans la mesure où la délicatesse est une pratique non-égotiste, « dé-propriative », être délicat ce n'est pas un donné, mais un engagement, une responsabilité. Engagement et délicatesse ne « sont » pas à la manière du « c'est[14] », mais s'éprouvent à tour de rôle par rapport à l'irréductibilité de chacune à l'autre, selon le principe de l'individuation qui rend compte de leur fonctionnement dialectique.

Car ni la délicatesse, ni l'engagement ne peuvent être pensés en dehors de leur raison *tactique*, qui n'est qu'une manière de faire ressortir leur « structuralité » : la délicatesse se pose en face à face du pathos,

---

9 Voir Tiphaine Samoyault, *Roland Barthes*, Paris, Seuil, 2015, p. 109.

10 *Le Neutre*, *op. cit.*, p. 66.

11 « Comment l'être qui m'a capturé, pris dans le filet, peut-il me décapturer, desserrer les mailles ? », Roland Barthes, *Fragments d'un discours amoureux*, *op. cit.*, p. 148 / *OC V*, p. 162.

12 « Je souffrirai donc avec l'autre, mais *sans appuyer*, sans me perdre. », *Id.*, p. 70 / *OC V*, p. 88.

13 *Le Neutre*, *op. cit.*, p. 58.

14 *Id.*, p. 75 pour la différence entre être « en soi » et être comme « relation à un autre ».

alors que l'engagement s'érige contre l'acquiescement au « naturel[15] ». C'est une époque, au milieu des années 1970, pendant laquelle Barthes insiste sur ce vocable, « tactique », pour dire l'historicité des notions qu'il emploie et qui tendent, par l'effet de la mode, à se figer[16]. Dès 1972, il constate :

> aujourd'hui, les tâches de la critique idéologique sont reprises un peu par tout le monde. (…) Il faut donc affiner, subtiliser la critique idéologique (…). Cette tâche collective est reprise aujourd'hui par toute une partie de l'intelligentsia française. Au contraire, une théorie du plaisir a besoin aujourd'hui d'une action constructive, combative (Roland Barthes, « Plaisir écriture lecture », dans *Les Lettres françaises*, Entretien par Jean Ristat, 9 février 1972, repris dans *OC IV*, p. 202).

Roland Barthes a raison : en proie au figement, tout Texte devient idéologie. Une fois remporté, le Pouvoir ne peut plus *plaire*, il *impose*, tout comme le texte qui devient « témoin d'une demande de lecture, non d'un désir de plaire[17] ». S'engager (allers vers) et *sentir en discrétion* ne sont pas, pour Barthes deux ordres d'action distincts. Ou bien, pour le dire de manière non-délicate, la configuration du rapport au monde de la littérature ne passe pas par le genre (prose qui dit le réel, poésie qui est du réel, comme chez Sartre[18]) – mais par l'affect : il y a un *imaginaire du langage* que Barthes traque à partir du *Degré zéro de l'écriture*, et c'est lui qui fait la littérature « bourgeoise » ou, au contraire, un « texte ».

L'engagement ne peut pas *vouloir le réel* sans tomber dans un travers métaphysique – le *je veux* (et son objet : l'au-delà) qui mène à la conclusion fantasmatique : *ce que je veux* (l'au-delà) *existe.* Je veux, donc je colle au moi voulant, que je ne vois plus, que je ne pense plus. Pour ne pas tomber dans le mythe du moi[19], il me faut surveiller les affects

15 Sur la tactique, il y a un entretien inédit en français, fait en 1976 et paru en roumain en 1979 : Ion Pop, *Ore franceze*, Bucuresti, Univers, 1979, p. 16.

16 Par exemple « Le jeu du kaléidoscope », entretien publié dans *Les Nouvelles littéraires*, 1975, dans *OC IV*, *op. cit.*, p. 847.

17 « Roland Barthes par Roland Barthes », *OC IV*, *op. cit.*, p. 650.

18 Car ce n'est qu'une analogie reléguée aux confins de l'Imaginaire, qui fige et cristallise le fluide. C'est en ce point que s'ouvre le chantier où se construit l'essai, lieu d'où procède le travail de Marielle Macé : *Le Temps de l'essai. Histoire d'un genre en France au* XX*e siècle*, Paris, Belin, 2006.

19 Ce mythe que le journal produit, ce mythe que Barthes n'a de cesse d'empêcher tout en l'abreuvant.

que je manifeste ; je dois rester *discret*[20] – c'est-à-dire « séparé » en celui qui agit et celui qui éprouve le désir d'agir. Ou bien en celui qui ne rêve pas (car là le sujet devient opaque, il est un sans distance aucune) mais fantasme (car là, le sujet rêve à, mais reste « concomitant à la conscience de la réalité[21] »). Ou bien, en d'autres mots, faire, pour tout objet de savoir, *la preuve par l'affect*[22]. Or, l'engagement de l'écrivain comporte ce *double bind* : à la fois désir de parler, de nommer et d'inventer en nommant, et maîtrise d'une technique nécessitant réflexion, patience pour mener à bien ce travail analytique qu'est l'écriture :

> Avec les choses intellectuelles, nous faisons à la fois de la théorie, du combat critique et du plaisir ; nous soumettons les objets de savoir et de dissertation – comme dans tout art – non plus à une instance de vérité, mais à une pensée des *effets (Roland Barthes par Roland Barthes*, p. 667).

Or, *l'effet*, c'est la « surprise, l'incident[23] », ce qui affecte en s'effectuant, ce à partir de quoi une idée est possible, puisque pour Barthes c'est « l'objet sensuel », le sentir, qui déclenche l'idée : encore une manière de subvertir la dominance de la volonté (donc du Pouvoir). Barthes est un intellectuel engagé qui pense sa pratique non à partir d'une visée en tant que pro-jection, mais à partir d'une intro-spection apte à lui révéler le caractère construit du « naturel » : « la "Nature" frissonne de toute la socialité qui y est comprimée, endormie[24] ». Or, c'est précisément ce qu'ignore l'engagement de type sartrien, la « socialité » de toute idée devenue objet d'engagement. Une fois ce caractère reconnu, l'idée se décompose et l'engagement s'interdit de devenir Pouvoir, et donc de se manquer soi-même. Or, on le sait, tout système se compromet au pouvoir[25].

Cet engagement, double et dévoyant, sceptique car dés-abusé et pourtant sans ambages, Barthes ne le découvre pas, il n'en a pas la révélation, tel un intellectuel qui, après des années d'errances, en serait

20 La discrétion : « idée implicite du sujet comme composé de parties étanches », mais aussi « séparation de l'action et de l'apparence », Roland Barthes, *Le Neutre*, *op. cit.* p. 60.

21 « Roland Barthes par Roland Barthes », *op. cit.*, *OC IV*, p. 665.

22 Le statut dé-locutoire du discours peut revêtir un aspect affectif. Barthes définit la délocution comme étude des effets de l'acte de référence dans l'interlocution : « parler *de* quelqu'un ou *de* quelque chose ». Roland Barthes, *Comment vivre ensemble*, *op. cit.*, p. 194. L'auteur souligne.

23 Roland Barthes, *Carnets de voyage en Chine*, Paris, Christian Bourgois, 2009, p. 80.

24 « Roland Barthes par Roland Barthes », *op. cit.*, *OC IV*, p. 674.

25 *Carnets de voyage en Chine*, *op. cit.*, p. 121.

revenu comme par miracle, par conversion, à la lumière de la vérité. Il l'a dès le début ; il lui faut des années pour le dire mieux, et toute son œuvre n'est que l'effort de relier, de marier l'utopie de l'écriture – facile à penser, car au début c'est une idée – et la pratique de cette utopie. Si Barthes s'est dès le début engagé, il l'a fait non par erreur, explicable, mais parce qu'il savait que ce à quoi il s'engageait ne pourrait jamais surpasser l'écriture, mais y aboutir. L'engagement de Barthes est un travail, celui de s'ajuster en tant que sujet qui pense sur fond d'affect, sans jamais s'identifier au penser (être philosophe, intellectuel) ni au sentir (être artiste tout court, comme par magie).

Si l'écriture devient, pour Barthes, le seul lieu (utopique par rapport au monde, et seulement en ce sens *u-topique*) qui ne se laisse pas reprendre par le Pouvoir – qu'il s'agisse d'une idée (« idéologie »), d'une procédure (« littérarité », « fiction ») ou encore d'un affect (« esthétique » au sens érotique, sensuel[26], fidèle à la poétique barthésienne qui donne la précellence au corps par rapport à l'idée), elle a du mal à se laisser comprendre, à faire sens chez le lecteur qui, lui, participe au et du monde, donc au et du Pouvoir.

Ainsi ses écrits sont-ils souvent jugés à l'aune de la politique ou bien, et jamais aussi, à l'aune du plaisir, comme si la raison s'opposait au pathos. Roland Barthes, dans le souvenir de son meilleur ami Petre Sirin, apparaît alors selon cette perception divisée, dans laquelle le plaisir n'est pas complice, mais victime ou bourreau de la raison. Barthes devient alors ou bien un être de plaisir, irresponsable, ou bien, pour autant que ses écrits rendent explicites des raisons politiques, un être d'action *juste* ou *injuste*.

---

26 « Roland Barthes par Roland Barthes », *op. cit.*, *OC IV*, p. 661.

BARTHES « ROUMAIN » : EN PRIVÉ[27] ET EN PUBLIC

Son côté artiste est tout d'abord perçu comme snobisme. Vu par son ami roumain, Petre Sirin, Barthes a « la réputation d'un snob. Or il n'en était point. C'était plutôt pour amuser ses hôtes qu'il se laissait entraîner à ces tours de fantaisie. » Mais il est aussi un hédoniste impénitent. Sirin laisse poindre sa jalousie :

> Quant à ses hôtes, il en était de même que pour les meubles : on en changeait selon la musique. C'est parce que les sympathies d'Amphytrio[28] ne duraient pas longtemps. Après leur avoir témoigné un intérêt démesuré, il se lassait bientôt des gens et en restait toujours déçu. C'était un sentimental.

Il explique sa manière d'être passionnelle :

> Il se contentait de considérer longuement ses interlocuteurs et de leur fournir de beaux sujets de discussion. De temps à autre, il laissait échapper un mot, une observation, et ce n'était encore que pour mieux saisir la pensée de celui qui parlait, la pousser jusqu'à ces dernières conséquences logiques et, peut-être, plus loin encore. Ces gens, qu'il avait distingués parmi les autres, il aurait voulu les connaître jusqu'aux replis les plus intimes de leur existence. Il croyait sincèrement que tous les hommes doivent avoir quelque secret, puisque lui il en avait un.

Leur amitié arrive à une impasse alors que Roland délaisse un jeune étudiant romain en droit, Dan, qui se suicide à Sinaia. C'est alors que Sirin accuse Barthes d'immaturité : « Cet homme sérieux et distant n'était en fait qu'un enfant, timide et maladroit, qui avait beaucoup souffert en amour, mais n'en savait rien… Il fallait que ça soit lui, Dan, qui le lui apprenne[29]. »

Mais Barthes n'est pas qu'un homme qui aime, à Bucarest. Il remplit une mission officielle et se voit obligé d'agir politiquement. La délicatesse, qui est aussi compassion, est déjà une forme d'engagement. Barthes

---

27 Toutes les citations de Petre Sirin sont extraites, sauf avis contraire, du dossier « Amphytrio » que son ami Alexandru Lupescu conserve dans sa maison de Bran (Transylvanie).

28 Surnom qu'il donne à Barthes.

29 Notre traduction.

assiste notamment à l'affaire de l'arrestation de quatre élèves du lycée Français de Bucarest, et au procès qui leur est intenté et qui a lieu le 12 avril 1948. Quatre élèves dont deux garçons fils de « boyards » et deux filles « de communistes éprouvés » (Alexandre Draghici, français par sa mère ; Kercea Charles, mère française ; Suzy Hazan et Nela Markees) avaient constitué une société secrète, *Avram Iancu* (ou « Liberté Égalité Fraternité », il est fait mention des deux noms dans les archives), en diffusant des tracts avec le texte « Roumains, ne perdez pas courage… un jour viendra où le drapeau rouge ne flottera plus sur nos murs… ». Barthes écrit, dans une lettre adressée à l'ambassadeur Pierre Charpentier :

> Je vais m'employer, par l'intermédiaire de leurs parents, à soulager autant qu'il est possible la misère de ces enfants si durement frappés. Malheureusement, on ne peut rien contre le régime de terrible oppression morale auquel ils risquent d'être soumis pendant les plus belles années de leur jeunesse (Note pour Monsieur le Chargé d'Affaires à la Direction générale des Relations culturelles – Procès politique d'anciens élèves du lycée français de Bucarest, RB 6 mai 1949, no 449, dossier « Bucarest », Archives du Ministère des Affaires Étrangères, Nantes).

Tout au long de son expérience de la guerre, puis du changement de régime en Roumanie, Barthes se maintient dans la réserve face à la multiplication des déboires de l'Histoire. Il est, dans ses vues sur l'événement historique qu'est la révolution, un individualiste, au sens de l'individuation : « La société absorbe tous les sacrifices, mais ne les rend pas, on ne peut rien pour elle, et les Révolutions, idéologiquement et matériellement, ne servent à peu près à rien[30] ».

30 Ce Barthes reste encore inconnu au lecteur de son œuvre éditée – le récent *Album* édité par Éric Marty représente en ce sens un travail pionnier – et il faudrait le faire connaître auprès de tous ceux qui, tel Thomas Pavel par exemple, font rentrer Barthes dans un moule culturel typiquement français (péjoratif par ailleurs, selon la teneur de condescendance de l'expression « exception française ») après la fin de la Seconde Guerre. Thomas Pavel fut l'auteur du premier texte important sur Barthes en Roumanie, lors de la traduction en roumain, rapidement faite, de *Sur Racine*, Bucarest, en 1969. En 1998, il écrit sur Barthes et sur l'état culturel français dans le livre qu'il cosigne avec Claude Bremond, *De Barthes à Balzac. Fictions d'un critique et critiques d'une fiction*, Paris, Albin Michel, 1998. Pour Pavel, l'évolution de Sartre à Barthes illustre le remplacement de l'intellectuel universel par l'intellectuel d'avant-garde. Or, ni les termes de cette évolution, ni le diagnostic idéologique que Pavel donne sur Barthes contempteur du „socialisme orthodoxe" ne se vérifient vraiment. Sans doute la connaissance qu'il avait de Barthes pâtissait-elle des cadres idéologiques roumains, puis américains, où il s'était formé. (voir Claude Bremond, Thomas Pavel, *De Barthes à Balzac. Fictions d'un critique et critiques d'une fiction*, *op. cit.*, p. 26-27).

Une affaire peu connue est celle qui oppose Roland Barthes, en 1948, à Henri Jacquier. Celui-ci est un professeur français qui, installé en Roumanie dès 1925, allait notamment former une génération d'écrivains et de professeurs arrivée à la maturité après la Seconde Guerre. Né en 1900, enseignant en Roumanie depuis 1925, il n'a pas voulu quitter la Roumanie quand les liens diplomatiques entre les deux États s'interrompirent. Il est resté avec sa femme à Cluj, mais le prix à payer scellera son destin. Barthes a, dans cette affaire, le rôle du bouc-émissaire. On lui confie la mission d'aller à Cluj régler le statut de Henri Jacquier, considéré comme représentant des autorités culturelles françaises à l'Université de Cluj. À l'issue des pourparlers, Barthes retire son passeport français à Jacquier, qui ne le reverra jamais. Selon les documents d'archives, Roland Barthes se serait confronté à une situation délicate : Jacquier, qui ne voulait pas quitter sa famille, se serait vu en situation de collaborer avec les autorités communistes au dam des autorités françaises dont il était plus ou moins le représentant.

Henri Jacquier, qui ne pourra plus recouvrer son statut de citoyen français, en voudra toujours à Roland Barthes, qu'il dénigre et dont il fait un intellectuel cuistre et parvenu. L'historien littéraire Nicolae Balotă fait état, dans son livre *Le Cahier bleu*, d'une charge de « plagiat » que Jacquier porte contre Barthes. À en croire Balota, Jacquier lui aurait dit que Barthes, un « pédéraste », lui aurait pris l'idée du « degré zéro ». Balota lui fait confiance, et en rajoute : le livre de Barthes serait, à son avis, un livre « assez aride, verbeux, à prétentions savantes sans fondement[31] ».

La décision du professeur Jacquier de rester en Roumanie lui coûte un prix exorbitant, aussi exorbitant peut-être que celui qu'il aurait payé s'il avait choisi le rapatriement. La guerre froide s'était déclenchée, il fallait trancher. Roland Barthes ne pouvait pas agir de son chef dans le peu d'affaires officielles qu'il avait à résoudre : son amitié pour Philippe Rebeyrol ne lui permettait pas de refuser la mission.

À ce point, on peut peut-être parler de courage et de lâcheté, mais toujours sous un éclairage esthétique décliné selon des affinités affectives : le courage de Barthes n'est pas, et n'a jamais été le courage du militant : jamais Barthes n'a osé s'opposer ouvertement au Pouvoir – autrement que par l'écriture qui, justement, esquive le signifié.

---

31 Nicolae Balotă, *Caietul albastru*, Iasi, Idea Europeană, 2007, p. 341-342.

L'affaire Jacquier n'est que la plus importante des pièces d'un dossier « Barthes et la Roumanie », dont la dernière est une lettre écrite dans les années 1960, alors que *Sur Racine* allait être traduit en roumain, lettre qui sera traduite et publiée dans la revue *Secolul XX* après sa mort. C'est une lettre dans laquelle les intellectuels roumains auraient voulu que son auteur prît ses distances envers un régime d'occupation. Or, bien que les propos de ce texte soient honnêtes sur sa propre carrière intellectuelle et sa vie à Bucarest, l'absence de tout jugement, quelque détourné qu'il fût, que Barthes eût pu porter sur les régimes des pays de l'Est, a pu déranger. Certes, en 1967, au moment où il est rédigé, ce texte aurait pu être lu différemment par les Roumains qu'en 1981, quand il est paru, en pleine dictature. Il n'en reste pas moins que certains propos de Barthes, dans cette lettre, ont l'allure de l'alibi, surtout quand il dit son adhésion à la « vérité marxiste ». Il est hors de doute que les liens entre le « véritable marxisme » et la dictature de Ceausescu étaient plutôt imaginaires, en 1981. Ce qui n'était peut-être que délicatesse, réserve et peur de la politique a pu être lu, encore une fois, comme lâcheté. Voici cette lettre :

> Je veux dire d'un mot combien je suis heureux que les quelques réflexions qui vont suivre s'adressent aujourd'hui à des lecteurs roumains. Il y a maintenant près de vingt ans, j'ai fait en Roumanie un séjour qui m'a beaucoup apporté et qui reste dans mon souvenir un moment privilégié de ma vie, en dépit des difficultés de l'époque ; d'abord parce que j'y ai été heureux, entouré d'amitiés chaleureuses et confiantes ; ensuite parce que ce moment a été celui où j'ai fait l'expérience la plus active du marxisme, que je venais de découvrir. Depuis, sans doute, d'autres expériences de pensée se sont offertes, dont la plus notable a été pour moi le structuralisme, je devrais dire plutôt la linguistique, car il est toujours plus sain de définir le travail intellectuel en termes de méthode, non en termes de doctrine ; et à l'intérieur même du structuralisme, des pensées nouvelles ont vu le jour, telles celles de Lévi-Strauss, de Chomsky, de Lacan. Mais pour moi, la vérité marxiste, éprouvée il y a vingt ans, demeure, qui est la critique et le refus du monde capitaliste. Sans doute le structuralisme ne peut s'attaquer aux structures de ce monde, car c'est là une tâche politique ; mais il peut du moins l'analyser, c'est-à-dire en démystifier l'idéologie de ce monde. C'est de cette façon que la sémiologie est née en moi : d'un refus des valeurs, des images et des alibis de la société petite-bourgeoise. Je suis toujours persuadé qu'en perçant de mieux en mieux la nature et le fonctionnement des signes sociaux, on met en cause « ce qui ne va pas dans le monde », selon le mot simple et exact de Brecht. Je suis heureux de me rappeler que cette recherche a commencé pour

> moi en Roumanie. (Roland Barthes, BRT2.A23.01 Chemise 27, Avril 1967, fonds « Barthes », BNF)

Après 1989, les Roumains ont retenu, de l'œuvre de Barthes, quelques écrits critiques trop subtils pour faire école, pour orienter le discours critique, alors que l'écriture du plaisir n'y a jamais eu vraiment d'écho ; son écriture manque de vigueur ou d'attrait – qualités de genre[32] – et son engagement, compris toujours en termes de Pouvoir pour ou contre, y a été insaisissable, puisqu'il n'est pas que politique. Décidément, engagement et délicatesse, réunis, hors paradigme, débordent la compréhension : Roland Barthes devra faire preuve de patience, tous ses lecteurs ne sont pas encore nés.

Alexandru MATEI
CEREFREA,
Université de Bucarest / MdC,
Université Lumina, Bucarest

32 *Le Neutre*, *op. cit.*, p. 106.

DE LA « VITALITÉ DÉSESPÉRÉE » DU NEUTRE

Dans le cours du Collège de France que Barthes consacre au Neutre en 1977-1978[1], il renvoie à plusieurs reprises à une formule empruntée à Pasolini pour désigner l'activité (acte et affect) du Neutre : « une vitalité désespérée ». Cette formule, qui m'intéresse ici tout particulièrement dans sa fidélité et dans ses glissements de sens, apparaît à différents moment du cours : dans l'argument (p. 38), dans le supplément de la séance du 4 mars 1978 (que Barthes commence par la lecture en italien du poème de Pasolini, p. 61), dans le déploiement de quelques figures (« Images du Neutre » [p. 106], « L'actif du Neutre » [p. 116], « Oscillation » [p. 174], « La retraite » [p. 192]). Elle me permettra ici d'interroger le Neutre dans son rapport au pathologique, notion que j'entends au sens de Georges Canguilhem (modification qualitative de la vie)[2], et de récupérer par là une occurrence médicale du neutre, aujourd'hui oubliée, mais rencontrée encore à l'âge de la Renaissance dans le vocabulaire de la pensée médicale – chez Jean Fernel, Ambroise Paré, Lazare Rivière ou Guillaume Rondelet par exemple –, qui nomment par ce terme un état du vivant qui n'est ni la santé ni la maladie, mais le passage progressif de l'une à l'autre[3].

Barthes ne retient pas la médecine pour l'inventaire des disciplines qui se partagent le Neutre (il cite la biologie, la chimie, la physique, la linguistique, la phonétique, l'entomologie, le droit, la politique, mais pas la médecine). Il se montre pourtant très sensible à la question du

---

1 Roland Barthes, *Le Neutre, Cours au Collège de France (1977-1978)*, texte établi, annoté et présenté par Thomas Clerc, Paris, Seuil IMEC, coll. « traces écrites », 2002.

2 *Cf.* Georges Canguilhem, *Le normal et le pathologique* [1966], Paris, PUF, coll. « Quadrige », 2013.

3 Je renvoie en ce sens à l'excellent article de Jean Céard, « Le moyen et le neutre », in *Éloge de la médiocrité, Le juste milieu à la Renaissance*, dirigé par Emmanuel Naya et Anne-Pascale Pouey-Mounou, Paris, Éditions ENS Rue d'Ulm, coll. « Coup d'essai », 2005, p. 9-23.

pathologique[4]. Il pose le mot sous sa forme nominale (pathologie) dès les préliminaires du cours (p. 38), lorsqu'il avoue « un désir de Neutre », point de départ et manière d'avancer dans le cours. Il dit ceci après avoir exposé le principe du cours : « Reste à poser la vérité du cours : le désir qui est son origine et qu'il met en scène. Le cours existe parce qu'il y a un désir de Neutre : un *pathos* (une patho-logie ?) » (p. 38). Barthes force ici l'écriture du mot, il y introduit un tiret pour mettre à l'écart (et cependant pour tenir ensemble) les deux cellules de sens, tout en restant silencieux sur la nécessité de ce geste. On ne sait pas à quoi sert le tiret ici : si c'est pour avertir le lecteur sur un usage du mot qui ne va pas (ou ne va plus) de soi, si c'est pour introduire une acception nouvelle ou renouvelée du mot, si c'est par pur plaisir de jouer avec les signifiants, etc.

À un autre endroit du cours, en se demandant quel est le discours qui s'occupe du *pathos*, Barthes répond par « pathologie », précisément, mot dont le sens usuel – très figé et trop normatif – le gène et le contraint à chercher une issue à cette impasse sémantique : il opère alors dans l'écriture même du mot une brisure et propose « patho-logie » (p. 111) afin de récupérer par ce geste de séparation – et là, il le dit explicitement – le sens ancien du *pathos* grec, allant jusqu'à faire entendre par pathologie « une passion de la différence » via Nietzsche, Deleuze et Blanchot :

> À vrai dire : la « pensée » du pathos (l'affecté-actif) ne doit pas être cherché du côté des méta-discours (*-logies*) mais du côté, une fois de plus, d'une philo-écriture : celle de Nietzsche → Blanchot à propos de Nietzsche : « Qu'est-ce que la volonté de puissance ? Ni un être ni un devenir, mais un *pathos* : la passion de la différence. » Et Deleuze [...] : ce pouvoir d'être affecté ne signifie pas nécessairement passivité mais affectivité, sensibilité, sentiment (Nietzsche a d'abord parlé de *sentiment de puissance*). Puissance : d'abord comme affaire de volonté : Volonté de puissance : la forme affective primitive → Retenons ceci qui permet d'approcher le Neutre du *pathos* : *la passion de la différence* (p. 111-112, je souligne).

Barthes ouvre ainsi la langue écrite à l'activité de la vie sensible, l'esthétique au biologique, et par là – c'est mon hypothèse – à la question

4 Il y a plusieurs indices en ce sens : côté biographie, je pense à Barthes qui songe à un moment de sa vie, lors des séjours répétés au sanatorium pour soigner sa tuberculose, à faire des études médicales (*cf.* Tiphaine Samoyault, *Roland Barthes*, Paris, Seuil *Biographie*, coll. « Fiction & Cie », 2015, p. 191), côté œuvre, je pense notamment à l'étude qu'il consacre à la sémiologie médicale, où il renvoie par ailleurs à Ambroise Paré (*cf.* Roland Barthes, « Sémiologie et médecine » [1972], dans *OC IV*, p. 174-183).

médicale du neutre. Quant au travail de création, il se double par ce geste minimal d'incision (et de décision) graphique d'un travail d'archéologue : Barthes ira chercher dans la mémoire même du mot un sens oublié, voire perdu, qui l'intéresse de tout près par la force active-réactive dont il est investi : ce sens oublié proteste, il réclame un droit à l'histoire, et ce qui m'intéresse ici, c'est justement une tentative de la restituer.

Il arrive cependant que dans ce cours il y a plusieurs « figures » à travers lesquelles une certaine « pathologie » du Neutre semble s'énoncer et se dénoncer à la fois sous cette forme nouvelle, audacieuse et provocatrice, de la « patho-logie ». Ce sont des figures où Barthes s'intéresse aux affects et au corps affecté (« la fatigue », « l'effroi », « la colère »), et où le pathos se fait plutôt entendre dans le sens de Canguilhem qui définit le terme comme « sentiment direct et concret de souffrance et d'impuissance, sentiment de vie contrariée[5] ».

C'est bien un « sentiment de vie contrariée » que la « vitalité désespérée » du Neutre me semble exprimer ici, et le fragment que Barthes retient du poème de Pasolini en témoigne. Il cite ce fragment après avoir noté que l'histoire même du mot « neutre » est une histoire faite d'images plutôt dépréciatives : images de l'échec, de l'impuissance, de l'indifférence, que Barthes ne s'engage pas à défendre, ni à lutter contre elles, puisque c'est autre chose qui l'intéresse : ce qui permet dans cette image de faire glisser le sens, de « dériver en déplaçant le paradigme » comme il dit :

> À la « virilité », ou à la carence de virilité, je substituerais volontiers la vitalité. Il y a une vitalité du Neutre : le Neutre joue sur l'arête du rasoir : dans le vouloir-vivre, mais hors du vouloir-saisir → je pense à la fin du poème de Pasolini déjà cité […] :
> « Mon Dieu, mais alors qu'est-ce que vous avez à votre actif ?
> *-Moi ? (Un bégaiement informe, je n'ai pas pris mon optalidon[6], voix tremblante de gosse malade.) Moi ? Une vitalité désespérée* » (p. 106).

« Il y a une vitalité du Neutre », dit Barthes, « une vitalité désespérée » même, affirmée ici dans des conditions extrêmes : conditions extrêmes de la langue, d'une part, si l'on pense que « vitalité » remplace « virilité »

5 Georges Canguilhem, *Le normal et le pathologique*, *op. cit.*, p. 113.
6 Indication thérapeutique de l'optalidon : Traitement symptomatique de la douleur et de la fièvre (n.a.).

par l'attraction (et je dirais la dévoration) violente[7] qui s'exerce entre ces deux mots paronymes ; conditions extrêmes du corps, d'autre part, si l'on pense que c'est l'insuffisance même de la maladie qui ouvre à une connaissance de la vie sensible, fut-elle sous la forme de ses résistances ultimes (la « vitalité désespérée » qu'elle affirme). Cette voix qui risque la désarticulation (elle tremble) sous la pression (tension et intensité) des émotions suscitées par ce qui dans le corps a été affecté (« bégaiement informe », « gosse malade ») me conduit ici à poser la question du corps comme objet du Neutre, et ceci dans sa relation à la maladie, au pathologique.

Mais le corps comme objet du Neutre, interrogé, comme ici, dans sa relation à la maladie, au pathologique, a d'abord et surtout intéressé le regard médical à une époque où la médecine hésite encore entre art et science, et où la pratique médicale doit beaucoup à l'observation minutieuse de l'anatomie et du fonctionnement des organes. La citation de Pasolini qui permet à Barthes d'identifier une « patho-logie » du Neutre, me conduit à opérer à mon tour un déplacement pour tenter de repérer dans la pensée du neutre barthésien les formes survivantes de ce neutre médical dont Barthes ne parle pas, mais qui s'indique dans ses textes par des traces, des bribes ou des restes ayant survécu à l'oubli de l'histoire.

À cette occurrence médicale du neutre, qui remonte au IIe siècle, à l'art médical de Claude Galien, je suis arrivée par la réponse étonnante et étrange que le philosophe Trouillogan donne dans *Le Tiers Livre* de François Rabelais à Panurge qui voulait savoir s'il devait se marier ou non. Trouillogan, annoncé ici comme un « philosophe parfaict » répond à la question de Panurge d'abord par « Tous les deux ensemblement », ensuite par « Ne l'un ne l'aultre[8] ». On peut facilement reconnaître cette réponse paradoxale de Trouillogan dans la formule du neutre contemporain (chez Barthes, mais aussi chez Blanchot, l'autre penseur

---

7 Quant à la violence du Neutre, Barthes remarque ceci à un autre endroit de son cours : « comme objet, le Neutre est suspension de la violence ; comme désir, il est violence » (p. 30).

8 François Rabelais, *Le Tiers livre des faictz et dictz du noble Pantagruel*, édition critique sur le texte publié en 1552 à Paris par Michel Fezandat, Introduction, bibliographie et variantes par Jean Céard, Paris, Librairie Générale Française, Le Livre de Poche, « Bibliothèque classique », 1995, p. 333.

moderne du Neutre), mais cette figure condensée du Neutre abrite dans ses plis tout un débat polémique (et pas moins passionnel) de l'époque entre la logique philosophique qui, dans la bonne tradition aristotélicienne, n'admet pas d'état intermédiaire entre la santé et la maladie, et l'art médical qui, dans la bonne tradition galénique, soutient et défend l'existence de cet état. Jean Fernel, un des médecins les plus célèbres du XVIe siècle, en parle dans son ouvrage capital intitulé *Universa medecina*, dans le chapitre consacré à la pathologie :

> L'équilibre parfait et accomplit du corps ou d'une partie du corps, parvenu à son plus haut point, est la totale santé. La constitution qui s'en écarte un peu, sans nuire à nos actions ni manifestement incommoder l'être vivant, est encore santé, mais imparfaite. Quant à celle qui ensuite est devenue vicieuse au point que désormais l'homme en souffre à l'évidence et voit ses fonctions gravement atteintes, c'est la maladie, qui, s'aggravant peu à peu, conduit finalement à cette extrémité qu'est la mort. Entre elles s'interposent une constitution moyenne qui, de part et de l'autre, est *obscure*, qui pour cela n'est ni la santé ni la maladie, mais une *constitution neutre*. En effet, elle ne participe ni de l'une ni de l'autre, et ne rend le corps ni sain ni malade, mais le met dans un état comme entre les deux[9].

Le neutre, cette « constitution neutre » dont parle Fernel, est aussitôt traité ici d'*obscur*. Tout comme « notre » neutre, ce neutre plus moderne de Barthes, de Blanchot & co., est souvent traité d'obscur puisqu'il est difficile de délimiter clairement les frontières entre cet état intermédiaire dit neutre et les états entre lesquels il a lieu ; puisque ce qui devient problématique ici, c'est justement le passage d'un état à l'autre, et dont la non-participation à aucune des extrêmes (ni sain, ni malade) est si mal gérée par la logique aristotélico-scolastique qui se trouve violemment heurtée par les raisonnements des médecins qui cherchent à l'époque à libérer la pratique médicale des contraintes de la logique. Là où la logique n'admet pas d'intermédiaire entre la santé et la maladie, la pratique médicale reconnaît des « constitutions neutres », c'est-à-dire les états *progressifs* (et j'ajouterai, dans le sillage de Canguilhem, *qualitatifs*) qui assurent le passage de la santé à la maladie, et de la maladie à la santé, c'est-à-dire une gradation continue qui relève de l'acuité de l'observation médicale, de *l'artis usus* du médecin. Mais si le neutre peut surgir dans ce contexte, c'est uniquement parce que la médecine n'est

9 *Apud* Jean Céard, art. cité, p. 17, je souligne.

pas conçue à cette époque comme une science du général, mais comme un art du particulier – *artis usus* –, une attention portée au singulier, à la nuance : autre « passion de la différence », pour reprendre ici la formule de Barthes.

J'ajouterais que cette obscurité pour ainsi dire constitutive du neutre hérite de la définition difficile et perturbante du Neutre chez Galien même, qui à force de vouloir être concis lorsqu'il formule cette notion dans son traité sur l'*Art médical* demeure obscur dans ses explications (chose cependant féconde si l'on pense à la prolifération des commentaires et des interprétations suscités depuis) :

> Le neutre en tant que cause, signe et corps, considéré dans un état pur et simple et dans le moment présent, s'entend dans chacun des cas de trois façons : d'abord en tant qu'il ne participe pas même de l'un des deux états contraires, ensuite en tant qu'il participe de l'un et de l'autre, et enfin en tant qu'il participe tantôt de l'un, tantôt de l'autre. Et parmi ces cas, le second s'entend de deux façons : en tant qu'il participe tantôt de façon égale de chacun des contraires, tantôt davantage de l'un des deux. Mais en ce qui concerne l'ensemble de la définition, il existe une certaine ambiguïté dans les termes qu'il nous faut elle aussi éclaircir. En disant en effet que la médecine est la science de ce qui est sain, malsain et neutre, on entend par là comme la science de toutes les particularités, on l'entend aussi comme celle de certaines et on l'entend également comme celle de telles ou telles. Mais si c'est celle de toutes, son domaine est illimité et impossible à concevoir, et si c'est celle de certaines, il est incomplet et n'obéit pas aux règles de l'art, mais si c'est celle de telles ou telles, il est conforme aux règles de l'art et en même temps suffisant pour comprendre absolument toutes les parties qui composent l'art, trait que nous disons appartenir aussi à la définition de la médecine[10].

Jean Fernel, quant à lui, s'efforce, malgré toute la difficulté du neutre obscur, à distinguer neuf états ou dispositions intermédiaires entre la santé parfaite et la mort :

> Toute constitution physique, saine, neutre, malade, se répartit en trois ordres, si bien que l'ensemble de la vie humaine compte neuf constitutions. Les extrêmes sont tout à fait contraires, la santé la plus entière et la mort.

10 Claude Galien, *Œuvres, II* : *Exhortation à la médecine, Art médical*, texte établi et traduit par Véronique Boudon, Paris, Les Belles Lettres, 2000, p. 277-278. Il est bien connu que *L'art médical* de Galien a été un manuel fondamental pour les étudiants en médecine jusqu'à 1600.

> Celui qui ira *progressivement* de la santé à la mort assumera *l'ensemble* des constitutions qui s'ordonnent entre elles comme suit : l'excellente santé, la bonne santé, la santé fragile et peu solide ; la constitution neutre encline à la santé, la neutre au sens absolu du terme, la neutre qui penche vers la mort ; la maladie simple et légère, la maladie grave et dangereuse, la maladie très grave et très dangereuse. À la suite prochaine vient la mort, dernière ligne d'arrivée[11].

D'autres médecins de la Renaissance ont fait appel à la pratique médicale pour défendre le neutre, et pour éviter ainsi d'enfermer leur expérience dans les cadres trop étroits des propositions théoriques de la logique aristotélico-scolastique. Lazare Rivière, Ambroise Paré ou Guillaume Rondelet invoquent par exemple l'usage de la diète (*victus ratio*) et des remèdes dans l'entretien ou le rétablissement de la santé, argument puissant pour l'existence des états neutres, où la maladie est déjà surmontée mais la santé n'est pas encore pleinement installée.

Guillaume Rondelet, ami et maître médecin de Rabelais, auteur d'un traité intitulé *De dignoscendis morbis [De la découverte des maladies]* note ceci dans la préface de son ouvrage :

> Tout le savoir du médecin consiste en deux points, la connaissance des corps et celle des remèdes. Les corps sont ou sains, ou malades, ou neutres. Il faut, en effet, *poser une troisième constitution si l'on veut correctement faire face aux affections du corps*. De fait, ceux qui ont une constitution neutre sont dans *un état sans reproche et ne souffrent pas de lésions manifestes de leurs actions*, ce qui est de l'essence de la maladie. Aussi, ces corps, n'étant ni sains ni malades, sont-ils neutres et dits tels. Ce sont ceux qui sont enclins aux maladies et commencent déjà à s'éloigner de la santé. Car jamais personne n'est passé de l'exacte santé à la maladie sans connaître une constitution moyenne, qu'on appelle dans les écoles *neutralitas decidentiae*. Et inversement on ne passe pas immédiatement de la maladie à la santé parfaite. [...] Cette dernière constitution est appelée dans les écoles *neutralitas conualescentiae*[12].

Il y a deux aspects du neutre que j'ai pu retenir à la lecture de ces textes médicaux de la Renaissance : un qui se situe du côté des symptômes (quand il y a risque de maladie), l'autre qui se situe du côté de la convalescence (quand il y a promesse de guérison). Tous les deux me conduisent dans ma démarche à articuler le rapport entre le neutre et

---

11 *Apud* Jean Céard, art. cité, p. 17-18, je souligne.

12 *Id.*, p. 21, je souligne.

le vivant, entre le neutre et « l'homme-se-soignant » dont Barthes parle dans un texte intitulé « Esquisse d'une société sanatoriale », récemment publié dans l'*Album*[13]. Ce texte se nourrit d'une période à la fois difficile et complexe de la jeunesse de Barthes marquée par l'expérience du sanatorium où il passe plusieurs années pour soigner sa tuberculose.

« [L]'homme-se-soignant[14] » n'apparaît pas dans l'inventaire des figures du Neutre que Barthes établit pour son cours, tout comme la médecine n'apparaît pas dans l'inventaire des disciplines qui se partagent le Neutre. Mais à lire dans *Album* les lettres que Barthes-se-soignant au sanatorium de Saint-Hilaire-du-Touvet ou de Leysin[15] adresse à ses amis Philippe Rebeyrol, Georges Canetti ou Robert David, on y retrouve la fatigue, le silence, l'effroi, l'angoisse, le malaise, la souffrance, la retraite : et ce vocabulaire du corps et du sensible me semble actualiser ici non seulement le vocabulaire du Neutre tardif de Barthes mais aussi, et peut-être surtout, un autre, venant de plus loin, de ces médecins philosophes et praticiens qui affirment à travers les siècles l'existence d'un état neutre du corps, et qui me font, plus largement, m'interroger sur les formes survivantes de ce neutre médical chez Barthes mais aussi chez Blanchot, Deleuze, Fédida…, afin d'examiner de plus près ses apparitions, ses filiations, ses effets, ses transformations et ses déplacements de toutes sortes, et de répondre ainsi à une dimension pour ainsi dire émotive de ce motif du Neutre, si présent dans la pensée et la sensibilité contemporaines. Une excellente voie d'accès à la lecture des textes de Barthes issus de l'expérience sanatoriale – disponibles dorénavant dans l'*Album* édité par Éric Marty – me semble s'ouvrir ainsi, car je vois s'annoncer ici une genèse médicale du Neutre barthésien, que cette pensée médicale ancienne aide précisément à mieux éclairer et formuler. Et cet exercice d'actualisation ou de récupération du Neutre me semble ici de grande importance si l'on

13 Roland Barthes, « Esquisse d'une société sanatoriale » [1947], in *Album, Inédits, correspondances et varia*, édition établie et présentée par Éric Marty, Paris, Seuil, 2015, p. 87-89.

14 *Id.*, p. 88.

15 Dans son très bel essai biographique, Tiphaine Samoyault parle d'ailleurs de cette période de la vie de Barthes comme d'une période « déterminante pour la pensée et l'écriture, pour l'élaboration des méthodes qui seront siennes par la suite ». Voir en ce sens, Tiphaine Samoyault, *Roland Barthes*, *op. cit.*, p. 177.

pense à ce qu'il restitue : la possibilité d'envisager une extension du domaine que le Neutre recouvre chez Barthes, et d'accorder par la suite plus d'attention dans la lecture de son œuvre à ce travail de réparation que la pensée médicale appelle aujourd'hui thérapeutique (régime de vie, diète, hygiène, remèdes), et appelait, dans la tradition galénique, neutre (corps, cause, signe, disposition, constitution).

L'homme-se-soignant est en ce sens un homme de la « patho-logie ». Mais il est avant tout un homme du Neutre, c'est-à-dire des régimes de toutes sortes, des thérapies douloureuses, lentes et pénibles, jamais sûres de guérir le corps malade, des silences, des retraits, des repos. Barthes écrit ceci à Georges Canetti, dans une lettre qu'il lui envoie de Leysin le 16 mars 1945 : « Depuis trois ans, la cure ne m'avait jamais donné qu'une impression de stationnement ; ici, on connaît la vertu positive, véritablement réorganisatrice du repos ; le climat – printemps toute la journée depuis un mois sur la cure –, le silence, la propriété méticuleuse du ménage produisent un repos pénétrant et tout, en soi, se distend, se teinte vraiment du bonheur de ne rien faire, de vivre, de guérir[16]. » L'expérience du Neutre touche donc au corps avant de toucher au rôle de la case vide dans l'organisation de la langue, à l'écriture blanche des modernes, ou encore, à la recherche de nouvelles formes de vie et de pensée chez les contemporains.

Quant à la « vitalité désespérée » du Neutre, elle serait à entendre dès lors sans guillemets, comme dans cette lettre de 1934 que Barthes adresse à son ami Philippe Rebeyrol, où il écrit ceci : « Je ne peux pas t'expliquer à quel point en ce moment-ci j'ai du mal à écrire. Ma pensée n'est pas engourdie, au contraire. *Depuis que je suis malade, ma vie est beaucoup plus intense, beaucoup plus chaude.* Si tu veux, je prends davantage conscience de moi. C'est ainsi que j'ai plusieurs idées de roman en tête. Mais je ne puis me décider à écrire. Je crois tout simplement que c'est parce que ça me fatigue[17]. » Ou encore, et plus loin de nous, comme dans les textes de ces médecins de la Renaissance qui défendent

---

16 Roland Barthes, *Album*, *op. cit.*, p. 59. La façon de soigner la tuberculose appartient encore à l'époque à l'ancienne médecine, celle d'avant la découverte des antibiotiques. Barthes est alors soigné « selon des méthodes en pratique depuis la fin du XIXe siècle, en sanatorium, par des cures de repos, de soleil, ou encore de silence et d'immobilisation complète » (Tiphaine Samoyault, *Roland Barthes*, *op. cit.*, p. 167).

17 *Ibid.*, p. 34, je souligne.

passionnellement l'état neutre du corps (ni sain, ni malade, mais éternellement symptomatique et thérapeutique). Une vitalité désespérée du Neutre traverse alors l'histoire et les disciplines, et me permet, dans cette traversée, de songer à la construction de ce qu'on pourrait appeler une histoire culturelle du Neutre.

Laura MARIN
Université de Bucarest

LA CHAMBRE À MOITIÉ CLAIRE

Les derniers développements du vaste projet philosophique de Jacques Rancière pointent en Roland Barthes un adversaire qui faisait jusque-là l'objet d'une relative discrétion dans son plan de bataille conceptuel. C'est le Roland Barthes moderne (il existe, quoiqu'en disent certains[1]) qui est visé dans divers textes récents de Rancière concernant l'image. Se trouve spécialement contestée la célèbre « note » de Barthes sur la photographie, *La Chambre claire*. Il est logique qu'un philosophe des images s'en prenne à ce livre-culte (qui a fait couler tant d'encre, et parfois de la plus noire) dont la conception de la photographie pose problème, et pas seulement à Rancière[2]. Bousculant nos certitudes, l'auteur du *Partage du sensible* prétend opérer une nouvelle appréhension du concept de modernité, que l'esthétique justement dite moderniste aurait confisquée : d'après Rancière, le modernisme n'est nullement l'affirmation d'un « propre de l'art », ce dernier n'existant pas, sinon sous sa forme triviale. Dans cette complexe question des images, Barthes, qui défend, on le sait, une conception référentialiste de la photographie, fait figure de cible. Je procèderai à mon tour à la déconstruction de la déconstruction opérée par Rancière, tant il me semble que sa critique, pour pertinente qu'elle soit, clarifie le dernier Barthes au point de le manquer[3].

Cette attaque se déploie en deux temps, dans *Le Destin des images* (2003) d'abord, puis dans *Le spectateur émancipé* (2008), dont le dernier chapitre « L'image pensive » fait explicitement référence à *La Chambre claire* et à sa conception de la photographie comme empreinte de la chose, le fameux « ça a été » consacrant une « essence glorieuse de l'image

1 Mon « Barthes sans Compagnon » est inédit.

2 André Rouillé l'a déjà critiquée dans *La Photographie*, Paris, Gallimard, Folio-Essais, 2005.

3 Cet article est un nouveau volet de ma réflexion intitulée « Barthes saisi par Rancière », article encore inédit, issu d'une conférence faite à l'ENS de Paris le 17 mai 2014.

garantie par le mode même de sa production matérielle[4]. » Rancière, qui voit dans *La Chambre claire* un texte qui « entend démontrer que la photo n'est pas un art[5] », lit la tentative de Barthes comme celle d'une réduction à la problématique de l'Unité : la quête de la mère perdue, véritable enjeu du texte. La conception référentielle (ou indicielle) de la photo s'en déduit aisément. Barthes poserait la photo comme une sorte de pur enregistrement d'un réel passé, entièrement subordonné à l'image chérie de la mère chérie. Victime (et victime complaisante) de son propre pathos, Barthes resterait prisonnier d'un régime représentatif de l'image, qui occulte « le multiple dispersif des opérations de l'art et des jeux de la signification[6] ».

Comment Rancière explique-t-il ce réductionnisme barthésien ? Tout simplement par une palinodie : le Barthes de *La Chambre claire* serait le négatif du Barthes des *Mythologies*, le mythe de la photo comme émanation du référent abolissant alors les lectures sémiologiques antérieures. *La Chambre claire* incarnerait le temps d'une position régressive de Barthes, consécutive à l'échec de la fonction critique des images, qui se justifiait dans un temps heureux (les années 1950-1960) où l'on croyait à une « science » allant de pair avec le sens de l'Histoire.

Cette lecture critique de *La Chambre Claire* n'est pas complètement infondée mais elle fait la part trop belle à une interprétation univoque du texte, certes encouragée par Barthes lui-même, qu'il faut cependant dépasser si l'on veut donner au texte sa pleine puissance – du reste, on sait que pour Barthes, l'intention d'un livre ne vaut nullement pour sa vérité. Car le problème de la réception de *La Chambre claire* est que la thèse du livre, maintes fois scandée dans ses pages mêmes, maintes fois reprise par les critiques, écrase toutes ses autres hypothèses. Je vois pour ma part dans *La Chambre claire* un texte qui prolonge la démarche théorique antérieure de Barthes, et je dirais même qui la dissémine, au lieu de la nier : il y a non pas *une* idée dans cette « note » mais des dizaines (peu commentées au regard de la thèse centrale), et qui sont comme autant de tirages photos, de propositions-retard, de flashes de pensée qu'on ne peut réduire que par commodité au « ça-a-été ». Dans cette optique, il ne faut donc pas subordonner la première partie de *La*

4 Jacques Rancière, *Le Destin des images*, Paris, La Fabrique, 2003, p. 16.
5 *Id*, p. 18.
6 *Ibid.*

Chambre claire à la seconde, comme le fait Rancière, à l'instar de tous les commentateurs qui voient dans le premier volet méthodologique le simple voile du second, dans une lecture conçue sur le mode de la révélation. Il convient de procéder à l'inverse, en négatif, et réaffirmer derrière la vérité du pathos celle, non moins effective, de la théorie. Lecture à rebours, qui sera la nôtre. Dans notre hypothèse, *La Chambre claire* est un livre non tant sur la photographie que sur le rôle du spectateur, rôle toujours actif, productif chez Barthes. Or Jacques Rancière feint d'ignorer cette dimension essentielle, bien qu'il ne puisse la nier totalement, puisqu'il prend pour cible le fameux paradigme du *studium/punctum*.

En effet, pour Barthes, l'image est bien « pensive », c'est-à-dire à la fois support et objet de pensée, car la photo n'existe pas entièrement par elle-même : des discours l'accompagnent immanquablement, grande loi rhétorique à laquelle Barthes fut fidèle toute sa vie. Contrairement à ce qui s'affirme ici ou là, l'auteur de *La Chambre Claire* ne se contente pas d'une approche métaphysique et/ou sentimentale de la photo, mais poursuit la geste sémiologique engagée dans les années 1950, certes de façon très différente, mais en tout cas cohérente : si l'image pense *c'est qu'elle n'est pas qu'une image* mais qu'elle est bien au centre d'un tissu de relations et de rapports (notamment avec le texte – et aussi avec les autres images). Rabattre *La Chambre claire* sur le seul « culte du référent », c'est dénier l'affirmation barthésienne qu'il y a de la pensée dans l'image, c'est faire de Barthes un mélancolique dont la légende se dédorerait ainsi : « l'ancien iconoclaste converti sur le tard en iconodoule ».

Je soutiens donc que *La Chambre claire* est sinon incompréhensible (« à moitié claire », pour reprendre le titre de cet article) du moins fort appauvrie si on ne la reconsidère pas à l'aune de l'ensemble des théories de Barthes sur l'image, théories antérieures mais aussi contemporaines de la rédaction de *La Chambre claire*, qui sont remarquables par la surdétermination qu'elles font jouer au texte.

De cela j'indiquerai brièvement trois preuves : l'essai hésite à avancer sa propre thèse, selon une caractéristique rhétorique propre à Barthes ; les légendes jouent un rôle déterminant dans l'appréhension des photos ; enfin et surtout, l'image est le lieu d'une impureté fondamentale, qui a pour nom *méthode*[7].

---

7 Je ne reprends pas l'intégralité de ce point, l'ayant déjà développé dans mon article « Barthes saisi par Rancière ».

Si la photo n'est pas que de l'image, elle est aussi un discours et même peut-être encore en 1979, un signe. Cette idée, que l'on croyait enterrée avec le Barthes des années 1960, et confirmée par l'assentiment unanime de ses commentateurs, Barthes lui-même continue de la porter dans *La Chambre claire*; mais c'est sur un mode incertain, qu'il est intéressant de noter, car il fragilise du coup les certitudes de la thèse. Traquant la nature de la photo, Barthes use ainsi constamment d'une figure rhétorique, l'épanorthose, figure de correction qui structure *La Chambre claire* et l'identifie, dans son oscillation permanente, telle celle qu'on relève dès le chapitre 2 : « percevoir le signifiant photographique n'est pas impossible [...] mais cela demande un acte second de savoir ou de réflexion[8] » ; d'autres exemples abondent, concernant l'hésitation à pouvoir « lire » une photo, qui rejoue les doutes antérieurs du Barthes des années 1960 et de son fameux « la photographie est un message sans code », axiome dont le style assertif servait à voiler une réalité moins évidente. Il y revient d'une façon assez retorse : « Les réalistes dont je suis, et dont j'étais déjà lorsque j'affirmais que la Photo était une image sans code – même si c'est évident, des codes viennent en infléchir la lecture[9] », affirmant une chose et son contraire dans la même phrase, dans un style qui serait proche de Brecht[10]. De fait, la photo, cet « art peu sûr[11] », est finalement l'objet d'une belle comparaison qui fixe l'indécision profonde de Barthes quant à sa nature : « les photos sont des signes qui ne prennent pas bien, qui *tournent*, comme du lait[12] », et prouve qu'il n'y a pas *une* conception de la Photo, analogique *ou* sémiologique. Écrivant « en dépit de ses codes, je ne puis *lire* une photo[13] », il me semble qu'il ne faille donc pas y voir autre chose qu'une dénégation, confirmée par l'entier du livre. Si la photo est une « parole muette », comme l'écrit Rancière, cet oxymore continue à travailler Barthes, qui a d'ailleurs oscillé toute sa vie sur la définition même à donner du fait littéraire, en en faisant soit un système (avec ses lois propres), soit un

8 Roland Barthes, *La Chambre claire*, dans *Œuvres complètes V, livres, textes, entretiens (1977-1980)*, Paris, Seuil, 2002, p. 792.

9 *Id.*, p. 861.

10 Si l'on en croit Rancière « Brecht pense tout et son contraire », dans « Le gai savoir de Bertolt Brecht », qui date de 1979.

11 *Id.*, p. 801.

12 *Id.*, p. 793.

13 *Id.*, p. 862.

signal (avec son jeu de signes). La photo elle-même dénote le réel mais est inséparable de ses connotations qui interprètent ce même réel.

Deuxièmement, la présence du texte qui entoure la photographie vaut comme condition de sa signification. Nous ne croyons nullement que la photo se réduise à un *punctum* de l'indicible (sauf peut-être la « photo du jardin d'hiver », envisageable dès lors comme hapax, non pas modèle de la Photographie mais contre-modèle). *La Chambre Claire* nous apparaît plutôt comme une reprise, enfouie sous les plis d'une thèse radicale, de l'idée que la photo n'est pas pensable sans un entour textuel, sans un contexte verbal qui lui donne son sens, ou plus finement, *du* sens. Non seulement par le vaste commentaire même qu'est *La Chambre Claire* (litotisé par le terme « note ») mais aussi par le rôle faussement secondaire du *studium* (réduit habilement au « culturel ») ou celui des noms propres sur les bords de page, signaux sémantiques rappelant la dimension très documentée du texte. Surtout, aucune photo exposée n'existe sans légende, la nature de la photo se donnant justement dans l'interaction entre texte et image. Barthes le disait déjà dans *Rhétorique de l'image* et dans *Le message photographique* ; il le confirme (mais sans avoir besoin de le dire : en acte) dans *La Chambre Claire*. Promoteur d'une esthétique relationnelle, qui loin de séparer le visible et le lisible, perpétue ce lien indissoluble, le Barthes de 1980 n'est pas le contre-Barthes des années 1960, mais son complément. Ainsi Barthes use-t-il dans *La Chambre claire* d'une pratique de supplémentation verbale, qui donne à l'image son fondement et sa profondeur, comme en témoigne l'affirmation contemporaine « j'adore légender des images[14] », à laquelle on pourrait ajouter un « j'ai toujours aimé imaginer des légendes » formant chiasme – ce chiasme renvoyant du reste à d'autres figures rhétoriques présentes dans l'essai, et notamment dans sa composition, telle l'antithèse produite entre la photo de James Van Der Zee et celle de William Klein, entre le monde calme des minorités noires et le monde violent des prolétaires blancs[15]. Or le rôle des légendes n'est pas de pure illustration, mais définit partiellement l'objet photographique dans sa relation avec l'image, à laquelle elle vient conférer

14 « Sur la photographie (avec Angelo Schwartz et Guy Mandery) », dans *Œuvres complètes V*, *op. cit.*, p. 936.

15 Ici, c'est même une lecture politique qui est suggérée par la mise en page. Voir « La Chambre noire », article à paraître.

un sens : regarder une photo ne va jamais sans la commenter. Toute cette question mériterait un développement[16]. Du reste, au moment même où il travaille à *La Chambre claire*, Barthes écrit parallèlement un texte moins connu, autonome, sur Richard Avedon, « Tels », dans lequel il écrit ceci : « La Photographie n'est ni une peinture, ni… une photographie ; elle est un Texte, c'est-à-dire une méditation complexe, extrêmement complexe, sur le sens[17]. » On ne saurait être plus clair. Ne pas prendre en compte les textes qui entourent *La Chambre Claire*, c'est isoler celle-ci du reste de la maison théorique construite par Barthes, de façon à occulter la « chambre noire » d'une pensée plus complexe qu'il n'y paraît. Pas plus que le cinéma n'est seulement du visuel, la photographie n'est réductible à l'image ; a contrario, la littérature ce n'est pas juste du langage. Ce texte méconnu est important car il relie deux Barthes que l'on dissocie trop fréquemment. Que la photo soit tissée de texte est à rappeler à ceux qui croient déduire ses prestiges de la seule iconicité de l'image.

La Chambre Claire est donc grosse de toute une visée textualiste que la critique a systématiquement sous-estimée, en réduisant l'essai de Barthes à la thèse référentielle. Or celle-ci est faible, quoique radicale, car elle ne rend pas compte de toute la photographie – c'est le grief que lui fait André Rouillé dans son étude *La Photographie*, avec la sévérité du spécialiste qui feint d'ignorer que Barthes ne propose pas un discours de savoir total sur la photo.

Enfin, je terminerai par une idée avancée (mais non développée) par Barthes au chapitre 13 de *La Chambre claire* dans lequel il indique que la photo apparaît altérée dans son identité propre, par une certaine forme d'impureté, qui en fait un objet conceptuellement passionnant. L'intérêt de la photo n'est pas exclusivement d'être une empreinte mais le hors-champ d'elle-même, ce qu'il montre aussi aux chapitres 24 et 35 par le biais de la narrativité qu'elle suscite. Elle a partie liée esthétiquement avec la peinture, historiquement avec la science et poétiquement avec un autre art, le théâtre. Certes, par le truchement de la mort, dit Barthes lui-même, au chapitre 13, mais aussi et surtout, et cela me semble beaucoup plus intéressant, par celui du tableau *vivant*, ce genre hybride entre photo, peinture et théâtre. Le tableau vivant, sur lequel

16 Mathieu Messager s'y est brillamment attelé.

17 Roland Barthes, *La Chambre claire* dans *Œuvres complètes V*, *op. cit.*, p. 300.

il conviendrait de réfléchir, n'entre apparemment pas dans le credo référentialiste de *La Chambre claire*, mais le travaille peut-être davantage qu'il n'y paraît, ne fût-ce que par le biais de la photo de studio qui représente Savorgnan de Brazza posant pour Nadar et posant aussi la question de la colonisation par l'esthétique artificieuse du décor. Or, il existe un photographe contemporain de Barthes qui fait des sortes de tableaux vivants, et que Barthes a aimés et commentés, c'est Bernard Faucon, artiste qui crée des mises en scène de mannequins d'enfants dans une ambiance ingénument pédophile : aucun Faucon ne figure certes dans *La Chambre claire*, mais l'on retrouve la question de la mise en scène et celle du signifiant photographique chez cet artiste important de la scène française, qui a compris qu'un artiste, à la différence d'un photographe, *utilise* la photo comme simple medium et comme décor, au lieu de l'assigner à sa seule origine chimico-optique.

La Chambre claire est bien l'héritière des textes de la période sémiologique et textuelle, et non leur brutal renversement. La photo, ce lieu de brouillage des frontières entre image et texte, entre art et non-art, est bien pensive : elle parle, bien qu'elle soit muette, polysémique ou asémique, en tout cas n'ayant aucune existence solitaire ni fatalement morbide. Contrairement à ce que dit Jacques Rancière, Barthes ne cherche pas à prouver que la photo n'est pas un art, il la perçoit comme un *ars* hybride, impur, composé de lumière *et* d'écriture, et donc vivant de se situer entre art et document : ni pleinement art ni seulement document, ni juste une image ni un péritexte, mais le nouage complexe de l'un à l'autre, bref moins un *ni…ni* qu'un neutre intense.

Thomas CLERC
Université Paris Ouest – Nanterre
– La Défense

LE CINÉMA COMME FESTIVAL D'AFFECTS

Roland Barthes et le septième art

ENTRE RÉSISTANCE ET FASCINATION

Comme beaucoup d'intellectuels français de sa génération, Roland Barthes approchait le cinéma avec méfiance, y voyant l'incarnation d'une culture collective, un médium emblématique pour les loisirs de la France de l'après-guerre, un bien de consommation parmi beaucoup d'autres. Ainsi dénonçait-il dans *Roland Barthes par Roland Barthes* l'excès des images toutes faites, « le plein du cinéma » auquel il tâchait d'opposer une assidue résistance[1]. En même temps, le cinéma était conçu, perçu et vécu comme espace privilégié où le spectateur enfermé « travaille et brille de tout [son] désir[2] ». En tant que forme esthétique douée d'un pouvoir affectif inouï, le cinéma le fascinait tout en lui posant problème.

Ce mélange équivoque de résistance et enchantement traverse l'intégralité des écrits de Barthes sur le cinéma. Quoique relativement peu nombreux, leur contribution au développement des études cinématographiques et audio-visuelles en France mais surtout dans les milieux anglo-américains est immense et inépuisable. On est bien en droit de se demander comment cet analyste méticuleux de l'image photographique qu'il aimait *contre le cinéma*[3] est devenu l'interlocuteur des cinéphiles, voire un des théoriciens de la cinéphilie. Qui plus est, Barthes est souvent cité en compagnie des critiques cinéphiles des *Cahiers du cinéma*, envers qui il a par ailleurs soigneusement gardé ses distances[4], ainsi qu'à

1 *Roland Barthes par Roland Barthes*, *OC IV*, *op. cit.*, p. 634.
2 « En sortant du cinéma », *OC IV*, *op. cit.*, p. 779.
3 *La chambre claire*, *OC V*, *op. cit.*, p. 791.
4 Voir à ce sujet Philip Watts, « "Au cinémascope" – Barthes et la Nouvelle Vague », in *Le Cinéma de Roland Barthes*, Paris, De l'incidence éditeur, 2015, p. 67-80.

côté du théoricien du cinéma André Bazin, qu'il n'a pas cessé d'ignorer. Pour tenter une réponse à cette problématique, cet essai se propose de topographier l'espace dessiné dans le mouvement dialectique entre la méfiance et l'enchantement ; l'exercice de cerner le noyau de l'ambivalence de Barthes à l'égard du cinéma accompagnera une entreprise plus générale, celle de déceler la portée d'une telle dialectique dans l'évolution même des études cinématographiques.

Jusqu'à récemment[5] l'héritage barthésien dans la théorie et l'esthétique du cinéma a été souvent mentionné, sans faire l'objet central d'une interrogation, la plupart des critiques se contentant de décréter, comme Jonathan Rosenbaum[6] par exemple, que l'importance de Barthes ne résidait pas tant dans ses écrits sur le cinéma, mais dans sa réflexion sur la production du sens et les contraintes idéologiques de cette production. Qu'il l'ait fait dans les exercices de démystification des *Mythologies*, dans sa phase sémiologique, peut-être la plus influente (mais aussi celle qui a été surmontée et rejetée le plus vite par les chercheurs) ou bien plus tard dans sa réflexion sur la photographie, la pensée de Barthes a guidé les transmutations internes des études cinématographiques. Inversement, le cinéma, lui, a accompagné de près la pensée de Barthes. Ceux qui insistent par exemple sur une rupture dramatique entre deux phases de Barthes, une première phase structuraliste et une seconde « affective », estiment que le cinéma jouerait le rôle de charnière théorique, propulsant le premier Barthes vers le deuxième[7]. Mais le cinéma comme expérience esthétique et politique, ainsi que matière de réflexion théorique, est invoqué également par ceux qui au contraire refusent la répartition de la carrière de Barthes en phases bien distinctes et en défendent la continuité[8].

Quoi qu'il en soit, la trajectoire de la pensée de Barthes se reflète dans le traitement des questions de vue, vision, visibilité, visualité, invisible, enfin image, représentation, spectacle et surveillance, autrement

5 Le premier livre consacré aux écrits de Barthes sur le cinéma date de l'été 2015. Son auteur, Philip Watts, n'a malheureusement pas pu achever *Le Cinéma de Roland Barthes* (Paris, De l'incidence éditeur), ouvrage qui voit le jour grâce au travail éditorial de quatre chercheurs français et américains.

6 Jonathan Rosenbaum, « Barthes and Film: 12 Suggestions », in *Placing Movies: The Practice of Film Criticism*, Berkeley, Los Angeles, University of California Press, 1988, p. 45.

7 Voir Dana Polan, « Roland Barthes and the Moving Image », *October 18*, Automne 1981, p. 41-46.

8 Voir surtout Philip Watts, « Roland Barthes's Cold War Cinema », *SubStance 108*, v. 34, n. 3, 2005, 17-32.

dit, l'arsenal des concepts qui animent une discipline. Il n'est pas sans importance que ces contributions pointent vers un intérêt pour *l'image* plutôt que pour le cinéma, signe d'un penchant pour les arts dioptriques, la photographie, le théâtre ou la peinture. Même quand il s'agit de sa passion fervente pour le langage, Barthes confesse avoir la maladie de « voir le langage[9] », l'écoute est déviée vers une réponse scopique et l'auteur admet se sentir un visionnaire et voyeur du langage[10].

DÉMYSTIFICATION DU PLAISIR CINÉMATOGRAPHIQUE

Ce qui intrigue Barthes dans l'image technologiquement reproductible, c'est qu'elle certifie l'existence du référent et authentifie sa présence : « le signifiant lui-même y est toujours, par nature, lisse, quelle que soit la rhétorique des plans ; c'est, sans rémission, un continuum d'images ; la pellicule *suit*, comme un ruban bavard : impossibilité statutaire du fragment, du haïku. Des contraintes de représentation obligent à tout recevoir ». Par peur d'être absorbé dans ce tourbillon, le critique professe la « résistance au cinéma[11] ». Mais en même temps, comme il l'écrit en 1975, il ne pouvait pas s'empêcher de ressentir un plaisir hypnotique « en sortant du cinéma », tout en étant parfaitement conscient des ressorts idéologiques de cette fascination, de cette « oisiveté des corps qui définit le mieux l'érotisme moderne, non celui de la publicité ou des strip-teases, mais celui de la grande ville[12] ». Dans le même essai, Barthes prévient ses lecteurs que l'image cinématographique est un leurre

---

9 « Je vois le langage », in *Roland Barthes par Roland Barthes*, *OC IV*, *op. cit.*, p. 735. Voir *La Chambre claire*, *OC V*, p. 858 : La certitude de l'existence du réel est pour Barthes la donnée ontologique de l'image photographique. « Cette certitude, aucun écrit ne peut me la donner. C'est le malheur (mais aussi peut-être la volupté du langage), de ne pouvoir s'authentifier lui-même. [...] le langage est par nature fictionnel ; pour essayer de rendre le langage infictionnel, il faut un énorme dispositif de mesures : on convoque la logique, ou, à défaut, le serment ; mais la Photographie, elle, est indifférente à tout relais. [...] Toute photographie est un certificat de présence ».

10 Voir Martin Jay, *Downcast Eyes: The Denigration of Vision in Twentieth-Century French Thought*, Berkeley, Los Angeles, University of California Press, 1993, p. 438.

11 Barthes utilise les mêmes termes dans *Le Troisième Sens*, en 1970, et dans *Roland Barthes par Roland Barthes*, en 1972.

12 « En sortant du cinéma », *OC IV*, *op. cit.*, p. 778.

et que le cinéma même est l'idéologie de l'histoire ; il insiste donc sur cette étrange ambivalence du cinéma qui le séduit et dont il se méfie. Cette méfiance peut bien être attribuée à un penchant mélancolique pour l'immobilité et le silence qui avait inspiré ses essais méditatifs, ou peut-être une tradition européenne qui repoussait le cinéma comme objet de réflexion, en le considérant d'abord comme forme de commodité marchande et spectacle populaire exerçant un impérialisme consumériste.

La résistance au cinéma se prête tout aussi bien à une lecture politique, d'où son interprétation comme résistance à une autre forme d'impérialisme, celui des deux nations rivales, les pouvoirs américain et soviétique, ce que dans ses *Mythologies* Barthes a appelé « la grande contestation URSS-USA ». Philip Watts[13] nous rappelle à quel point les essais des *Mythologies* décrivent la rencontre avec le cinéma d'un marxiste flânant dans les rues de Paris pendant la guerre froide. Charlot, Greta Garbo, Sacha Guitry, l'invention du Cinémascope, *Le Beau Serge* de Claude Chabrol, et deux films avec Marlon Brando, tissent la rencontre avec la culture du quotidien d'une sensibilité de gauche dans les années 1950, une sensibilité qui cherche à démystifier les normes de l'idéologie bourgeoise dans des références politiques communes concernant la représentation des ouvriers, la rhétorique des mouvements de droite en France, la décolonisation, l'acculturation américaine de l'Europe et la guerre froide. En écrivant sur *Jules César* de Mankiewicz, Barthes s'attaque à et attaque l'artifice, la fausseté du cinéma hollywoodien, la dégradation du spectacle qui règne dans la plus grande industrie cinématographique du monde.

Dans la même série de démystifications se situe son texte plus tardif, *En sortant du cinéma*, profession de ses sentiments ambivalents à l'égard du septième art. L'article ne traite guère du film comme forme esthétique, comme objet précis qui se déploie devant les yeux du spectateur pendant à peu près 90 minutes, mais il parle avec éloquence du cinéma, de l'expérience cinématographique, de l'institution, ou dans les termes véhiculés à l'époque par ses contemporains[14], du *dispositif* cinématographique. Cette expérience excède la spatio-temporalité de la salle de

13 Philip Watts, « Roland Barthes's Cold War Cinema », *SubStance 108*, v. 34, n° 3, 2005, p. 17-32.

14 Voir Jean-Louis Baudry, *L'Effet cinéma*, Paris, Albatros, 1978 et Christian Metz, *Le Signifiant imaginaire : Psychanalyse et cinéma*, Paris, UGE, 1977.

cinéma pour emporter le spectateur « de rue en rue, d'affiche en affiche, à s'abîmer finalement dans un cube obscur, anonyme, indifférent, où doit se produire ce festival d'affects qu'on appelle un film[15] ». Ce noir de la salle de cinéma a constitué un objet primordial de réflexion pour les philosophes de l'École de Francfort dans les années 1920 et 1930, leur permettant de déployer la signification socio-historique du cinéma. Le foisonnement sensoriel de la modernité urbaine se traduit pour des penseurs comme Benjamin et Kracauer en images et sons jouissant de la vitesse de l'expérience qui provoque la quasi-disparition du sujet dans la multitude des sensations, désirs et possibilités. Mais Barthes, lui, est vraiment un penseur de l'après-guerre marqué par la méfiance et la désillusion althusserio-lacanienne, conscient de la chute qu'a pu entraîner le tourbillon sensoriel du cinéma, mais aussi séduit par la disponibilité de ce « noir anonyme, peuplé, nombreux[16] » opposée à l'ennui de la télévision, « instrument ménager qui nous condamne à la Famille[17] ».

Dans ce cube noir du cinéma, l'image devient un miroir auquel le sujet « colle son nez jusqu'à l'écraser », l'image est « cet autre imaginaire auquel le sujet s'identifie narcissiquement ». On se retrouve dans la machine psychanalytique où « l'image me captive, me capture : je *colle* à la représentation, et c'est cette colle qui fonde la naturalité (la pseudo-nature) de la scène filmée ; le Réel, lui, ne connaît que des distances, le Symbolique ne connaît que des masques ; seule l'image (l'Imaginaire) est *proche*, seule l'image est *vraie* (peut produire le retentissement de la vérité) ». Cette image est ambivalente, car d'un côté elle ramène le sujet à une intimité avec l'espace maternel, mais elle est aussi le leurre parfait, car « l'Idéologique serait au fond l'Imaginaire du temps, le Cinéma d'une société ». Et Barthes de se demander comment échapper au leurre idéologique, comment rompre la fascination filmique, autrement dit, « comment se décoller du miroir » ?

Dans le style des réflexions agencées dans *Mythologies*, « En sortant du cinéma » propose une réponse brechtienne, en soulignant les bénéfices du distancement : « Bien des choses peuvent aider au réveil de l'hypnose (imaginaire et/ou idéologique) : les procédés mêmes de l'art épique, la culture du spectateur ou sa vigilance idéologique. » Il s'avère ainsi

15 « En sortant du cinéma », *OC IV*, *op. cit.*, p. 779.
16 *Ibid.*
17 *Ibid.*

que le plaisir ne vient pas de l'effet narcissique, de l'identification avec l'image, mais de la distanciation : « ce dont je me sers pour prendre mes distances à l'égard de l'image, voilà, en fin de compte, ce qui me fascine : je suis hypnotisé par une distance ; et cette distance n'est pas critique (intellectuelle) ; c'est, si l'on peut dire, une distance amoureuse : y aurait-il, au cinéma même, une jouissance possible de la discrétion » ?

JOUISSANCE DE LA DISCRÉTION

La « jouissance possible de la discrétion » est une de ces heureuses formules qui cristallisent toute l'ambivalence de Barthes à l'égard du cinéma, se prêtant à l'interprétation de la discrétion comme sensibilité, tout en soulignant la propriété « discrète » du fragment. Dans *Le plein du cinéma* l'excès visuel de l'obvie est déploré et mis au compte de « l'impossibilité statuaire du fragment » avant de susciter une réflexion (légèrement mélancolique) sur la discrétion. Mais quelques années auparavant déjà, à la fin du *Troisième Sens*, Barthes identifie le photogramme comme élément discret du cinéma, et lui confère le potentiel théorique de « la naissance adulte du film », événement inabouti à cause de la contrainte du temps filmique. En ce sens, le photogramme « n'est pas une pincée prélevée chimiquement dans la substance du film, mais plutôt la trace d'une distribution supérieure des traits dont le film vécu, coulé, animé, ne serait qu'un texte parmi d'autres. Le photogramme est alors fragment d'un second texte *dont l'être n'excède jamais le fragment* ; film et photogramme se retrouvent dans un rapport de palimpseste, sans qu'on puisse dire que l'un est le *dessus* de l'autre ou que l'un est *extrait* de l'autre[18] ».

La relation entre le film dominé par sa dimension temporelle et l'image prélevée du flux cinématographique et immobilisée, fétichisée par le spectateur est définie ici comme métonymique. Cependant, ce qui produit le choc émotionnel et donc l'intensité de l'expérience esthétique est bien l'image libérée de l'intrigue, du personnage et du

18 Roland Barthes, « Le Troisième Sens », *L'Obvie et l'obtus : Essais critiques III*, Paris, Seuil, 1982, p. 61 / *OC III*, *op. cit.*, p. 505.

montage[19], plutôt que l'hypnose du cube noir ou la nature continue de la temporalité filmique. Cette réponse émotionnelle va être théorisée à partir du médium de la photographie dans *La Chambre claire*, où Barthes propose le concept de *punctum* pour rendre compte du potentiel affectif de l'image photographique. Brouillant les limites entre photographie et cinéma, les théoriciens de la cinéphilie se servent de *La Chambre claire* pour faire reconnaître la passion subjective pour le cinéma comme pratique culturelle et esthétique légitime. Mais justement, Barthes utilise la notion de *punctum* pour démarquer la photographie du cinéma, la première lui produisant un plaisir intense, le deuxième le laissant froid. Déjà à l'époque de *Rhétorique de l'image* Barthes insistait sur la grande distance entre photographie et cinéma : « On serait autorisé », déclare Barthes, « à voir entre le cinéma et la photographie non plus une simple différence de degré, mais une opposition radicale : le cinéma ne serait pas de la photographie animée ; en lui l'*avoir-été-là* disparaîtrait au profit d'un être-là de la chose[20] ». L'assimilation des écrits de Barthes sur l'image, et de *La Chambre claire* en particulier, à un essai sur le cinéma est dans ce sens-là extrêmement paradoxale.

Il convient d'examiner de plus près le lieu de cette contradiction. Barthes résiste au cinéma, qu'il déclare connaître peu, mais avoue le plaisir qu'il a à sortir d'une salle de cinéma que le noir envoûtant transforme en lieu de disponibilité (encore plus que la drague), permettant une oisiveté des corps propre à l'érotisme moderne de la grande ville. Ce plaisir est toutefois dangereux, car idéologique. Il faut alors le démystifier, et la démystification produit à son tour une réverbération d'émotions discrètes de jouissance[21]. Au lieu de succomber à l'hypnose du mouvement ininterrompu d'images et de sons, réponse bien ordinaire, Barthes en tant que spectateur vigilant jouit de la lucidité de son désir qui, lui, s'accroche à l'image, au fragment, au photogramme, et non pas au vertige de la temporalité filmique. Ce comportement permet aussi

19 Voir Philip Watts, *Le Cinéma de Roland Barthes*, Paris, De l'incidence éditeur, 2015, p. 94.

20 Roland Barthes, « Rhétorique de l'image », *L'Obvie et l'obtus : Essais critiques III*, Paris, Seuil, 1982, p. 36 / *OC II*, *op. cit.*, p. 583.

21 Comment expliquer le fait que de tous les cinéastes Barthes choisit justement Eisenstein, le praticien et défendeur du montage, pour célébrer le photogramme ? L'explication qu'il en donne reste assez vulnérable et critiquable d'un point de vue technique et esthétique, et on serait bien en droit de soupçonner que c'est la sensibilité politique de Barthes qui le pousse à donner comme exemple le cinéaste de la Révolution d'Octobre.

au critique de rester fidèle à lui-même : « Pour les textes écrits, sauf s'ils sont très conventionnels, engagés à fond dans l'ordre logico-temporel, le temps de lecture est libre ; pour le film, il ne l'est pas, puisque l'image ne peut aller ni plus vite ni plus lentement, sauf à perdre jusqu'à sa figure perceptive. Le photogramme, en instituant une lecture à la fois instantanée et verticale, se moque du temps logique (qui n'est pas un temps opératoire) ; il apprend à dissocier la contrainte technique (le "tournage"), du propre filmique, qui est le sens "indescriptible" ». Le souci de cerner et définir le « propre » du cinéma ne passerait donc pas par la dimension technique, mais par l'effet sur le sujet spectateur. Ce qui « anime » Barthes-spectateur ce n'est pas le flux techniquement animé de la bande image-son, mais bien l'intensité poignante de l'image.

Dès le premier paragraphe de *La Chambre claire* Barthes pose le problème de la relation entre le cinéma et la photographie : « Je décrétai que j'aimais la Photo *contre* le cinéma, dont je n'arrivais pas cependant à la séparer[22] ». Cette question persiste obstinément, suscitant la réflexion sur le statut ontologique de la photographie : « J'étais saisi à l'égard de la Photographie d'un désir "ontologique" : je voulais à tout pris savoir ce qu'elle était 'en soi', par quel trait essentiel elle se distinguait de la communauté des images[23] ». Une telle réflexion se formule sous le signe du doute, et donc de l'angoisse : « Un tel désir voulait dire qu'au fond, en dehors des évidences venues de la technique et de l'usage et en dépit de sa formidable expansion contemporaine, je n'étais pas sûr que la Photographie existât, qu'elle disposât d'un "génie" propre[24] ».

Pour Barthes le propre de la photographie n'est pas qu'elle « répète mécaniquement ce qui ne pourra jamais plus se répéter existentiellement » ni qu'elle est indicielle, certifiant la fameuse thèse du ça-a-été : « le nom du noème de la Photographie sera donc ça-a-été, cela que je vois a été là, et cependant tout de suite séparé ; il a été absolument, irrécusablement présent, et cependant déjà différé ». La relation entre *telle photo* et le référent (ce qu'elle représente) dont elle ne se distingue jamais s'impose naturellement. Par conséquent, cela s'appliquerait à la Photographie : « On dirait que la Photographie emporte toujours son référent avec elle, tous deux frappés de la même immobilité amoureuse

22 *La Chambre claire, OC V, op. cit.*, p. 791.
23 *Ibid.*
24 *Ibid.*

ou funèbre, au sein même du monde en mouvement[25] ». La dualité « image photographique – réalité photographiée » est concevable en tant que dualité, mais pas perceptible comme telle, de la manière dont « le désir et son objet » coexistent. L'essence que Barthes recherche doit excéder « cet entêtement du Référent à être toujours là[26] », cette *fatalité*, car autant ces qualités rendent facile et « licite » la possibilité de parler « d'*une* photo, autant il me paraissait improbable de parler de *la* Photographie[27] ».

L'IMAGE ANIMÉE : PHOTOGRAPHIE ET CINÉMA

Pour les chercheurs en cinéma, ces réflexions ne manquent pas d'évoquer la pensée d'André Bazin dont le célèbre essai de 1945, *L'Ontologie de l'image photographique*, constitue non seulement la fondation « ontologique » de son esthétique, mais la pierre de touche de la théorie classique du cinéma. Selon Bazin, le génie propre de la photographie, ce qui lui confère un caractère ontologique, c'est justement la nature indicielle : « L'originalité de la photographie par rapport à la peinture réside donc dans son objectivité essentielle. [...] Pour la première fois, entre l'objet initial et sa représentation, rien ne s'interpose qu'un autre objet. Pour la première fois, une image du monde extérieur se forme automatiquement sans intervention créatrice de l'homme, selon un déterminisme rigoureux. [...] Tous les arts sont fondés sur la présence de l'homme ; dans la seule photographie nous jouissons de son absence[28] ». Bénéficiant d'un « transfert de réalité de la chose sur sa reproduction », la photographie « nous donne de l'objet une image capable de 'défouler', du fond de notre inconscient, ce besoin de substituer à l'objet mieux qu'un décalque approximatif : cet objet lui-même, mais libéré des contingences temporelles. L'image peut être floue, déformée, décolorée, sans valeur

25 *Ibid.*, p. 793.

26 *Ibid.*

27 *Id.*, p. 792.

28 André Bazin, « Ontologie de l'image photographique », in *Qu'est-ce que le cinéma ?*, Paris, Éditions du Cerf, 2007, p. 13-14.

documentaire, elle procède par sa genèse de l'ontologie du modèle ; elle est le modèle[29] ». Bazin insiste sur « la vertu d'une mécanique impassible » de l'image photographique qui « embaume le temps, elle le soustrait seulement à sa propre corruption » et conclut en livrant sa fameuse remarque que « le cinéma apparaît comme l'achèvement dans le temps de l'objectivité photographique[30] ». Là où Barthes distinguait photographie et cinéma, Bazin impose une inséparable liaison.

Il n'est pas sans intérêt que dans sa quête pour l'essence de la photographie, Barthes se demande qui ou quoi pourrait le « guider » mais snobe Bazin. S'il fait exprès de ne pas citer Bazin sur le sujet, il est indubitable qu'il est familier avec ses écrits qu'il invoque d'ailleurs dans une section ultérieure de *La Chambre claire*. Barthes se dérobe tout en connaissant parfaitement le texte de son prédécesseur, d'autant plus que c'est là que ce dernier soutenait le caractère ontologique de la photographie[31] comme base du cinématographe. Au fond, Bazin a eu la même idée, celle de « montrer que le cinéma conservait le réel et qu'avant de le signifier et de lui ressembler, il *l'embaumait*[32] ». Si Bazin utilise des métaphores macabres pour parler du cinéma comme « momie du changement », c'est d'abord par opposition à la photographie, qu'il perçoit comme momification, dépossédée de tout effet d'animation. Le désir d'image barthésien est symétriquement opposé à celui de Bazin : la photographie n'émeut aucunement Bazin, (l'émotion vient de la répétition cinématographique du « ça-a-été »), alors qu'elle anime Barthes pour qui l'animation du cinéma est, selon les mots d'Hervé Joubert-Laurencin, « un repoussoir théorique-affectif explicite[33] ».

Le réalisme ontologique de Bazin est fondé sur la possibilité d'animation, sur la multiplication du « ça-a-été » de la photographie. Pour Barthes, bien au contraire, il n'y a pas continuité, mais rupture entre les deux médiums : « en regardant une photo, j'inclus fatalement dans

29 *Id.*, p. 13.

30 *Id.*, p. 14.

31 Par ailleurs *La Chambre claire* paraît chez les Éditions de l'étoile, la presse des *Cahiers du cinéma* que Bazin, lui, avait fondé. Voir à ce sujet Jean Narboni, *La Nuit sera noire et blanche. Barthes, « La Chambre claire », le cinéma*, Paris, Les Prairies ordinaires et Capricci, 2015.

32 Serge Daney, « André Bazin », *Ciné journal 1981-1986*, Paris, Éditions Cahiers du cinéma, 1986, p. 172.

33 Hervé Joubert-Laurencin, *Le Sommeil paradoxal*, Paris, Éditions de l'œil, 2014, p. 40.

mon regard la pensée de cet instant [de pose, d'immobilité, d'arrêt du temps], si bref fût-il, où une chose réelle s'est trouvée immobile devant l'œil. Je reverse l'immobilité de la photo présente sur la prise passée, et c'est cet arrêt qui constitue la pose. Ceci explique que le noème de la Photographie s'altère lorsque cette Photographie s'anime et devient cinéma : dans la Photo, quelque chose s'est posé devant le petit trou et y est resté à jamais (c'est mon sentiment) ; mais au cinéma, quelque chose est passé devant ce même petit trou : la pose est emportée et niée par la suite continue des images : c'est une autre phénoménologie, et partant un autre art qui commence, quoique dérivé du premier[34] ».

L'écart entre photographie et cinéma n'est pourtant pas aussi précis. Barthes considère le cinéma comme une forme esthétique « normale » c'est-à-dire banale, qui ne pourrait pas le poindre. Et cependant, il reconnaît au cinéma « un pouvoir qu'à première vue la Photographie n'a pas : l'écran (a remarqué Bazin) n'est pas un cadre, mais un cache ; le personnage qui en sort continue à vivre : un *champ aveugle* double sans cesse la vision partielle [...] dès qu'il y a *punctum*, un champ aveugle se crée (se devine)[35] ». C'est justement grâce à ce champ aveugle que « cette photo, je l'anime et elle m'anime. Le *punctum* est alors une sorte de hors-champ subtil. » La définition de la photographie explicitement donnée en opposition au cinéma est ainsi compliquée par l'invention du *punctum* avec sa qualité subtile qui vient du hors-champ cinématographique. L'« animation » citée par Bazin comme le propre du cinéma en tant que forme esthétique ainsi qu'expérience collective, se trouve déplacée chez Barthes vers le désir d'image tout personnel, vers l'expérience subjective. Seule cette émotion forte peut lever « la contrainte du temps filmique », celle que Barthes déplorait comme obstacle « à ce que l'on pourrait appeler la naissance adulte du film (né techniquement, parfois même esthétiquement, le film doit encore naître théoriquement) ».

Le projet d'une théorie affective de l'image éclaire d'une nouvelle lumière les écrits de Barthes pendant la décennie 1970 caractérisée surtout par l'explosion d'une théorie cinématographique qui, prenant la voie de la sémiologie, a accédé au rang des sciences. Corrélée aux discours de Lacan et Althusser, la théorie sémiologique à laquelle Barthes a d'ailleurs énormément contribué, a touché aux questions centrales de la vision et

---

34 *La Chambre claire*, *OC V*, *op. cit.*, p. 852.
35 *La Chambre claire*, *OC V*, *op. cit.*, p. 849.

de l'image dans le contexte politique de l'époque. La critique de l'image comme produit de la société du spectacle a rejoint ainsi un discours sur le dénigrement de la vision dans l'histoire intellectuelle du vingtième siècle français entamé par Bergson, avant d'être reprise par Bataille et Breton, puis Merleau-Ponty et Sartre, enfin Barthes et Christian Metz. Affirmer que le cinéma n'est pas encore adulte théoriquement était une grande exagération, mais Barthes veut se distinguer en fait des grands enthousiastes de ce qu'on appelle de nos jours la théorie classique du cinéma, c'est-à-dire les critiques des *Cahiers du cinéma*, surtout André Bazin et Éric Rohmer, qu'il jugeait naïfs parce qu'eux, ils embrassaient et jouissaient justement du mouvement ininterrompu des images, du festival d'affects.

Malgré leurs différences, Barthes et Bazin ont souvent été cités ensemble dans les discussions sur le réalisme ontologique du cinéma ou la cinéphilie, sans que leur relation soit examinée de près. Pour les études cinématographiques, deux éléments de la réflexion de Barthes sur la photographie ont surtout fait écho, à savoir le questionnement sur le statut ontologique de l'image photographique, et la puissance affective de l'image que Barthes définit comme *punctum*. On y repère les fondements d'une théorie de l'objectivité de l'image photographique ainsi que la base d'une théorie de la subjectivité d'un médium qui par définition produit du sens sans « l'intervention directe » du sujet humain. Donc à la fois une célébration de la machine et une autonomisation ou émancipation du spectateur. Ce qui permet à Barthes de ménager une telle disparité, c'est son illustration affective d'une théorie de l'image. Cette théorie affective de l'image est la plus adéquate pour justifier le plaisir que provoque le cinéma dans des moments privilégiés, des « moments cinéphiliques », des épiphanies. Ainsi ce n'est pas surprenant de retrouver Barthes en tête de liste de la pensée cinéphilique. L'énorme contradiction consiste en cette appropriation de Barthes alors que tout au long de *la Chambre Claire* il n'arrête pas de bannir le cinéma du registre dont il essaie de discourir.

Codruța MORARI
Wellesley College, Massachusetts

BIBLIOGRAPHIE

AGAMBEN, Giorgio, *Gusto*, Macerata, Quodlibet, 2015.

AGAMBEN, Giorgio, *Homo sacer. Il potere sovrano e la nuda vita*, Torino, Einaudi, 1995.

ANDRE, Serge, *Les perversions #2, Le sadisme*, Lormont, Éditions Le Bord de l'Eau, Collection La Muette, 2013.

ANDRE, Serge, *Les perversions #3, Le masochisme*, Lormont, Éditions Le Bord de l'Eau, Collection La Muette, 2013.

ANDRE, Serge, *No sex, no future*, Lormont, Éditions Le Bord de l'Eau, Collection La Muette, 2010.

ANDRE, Serge, *Que veut une femme ?*, Éditions du Seuil, essais Points, 1995.

ANIS, Jacques, J. et LEBRAVE, Jean-Louis, « Texte et ordinateur : les mutations du Lire-Écrire », dans *Actes du colloque interdisciplinaire* tenu à l'université Paris X Nanterre 6-7 juin 1990, Centre de recherches linguistiques, Nanterre, 1993.

BALOTA, Nicolae, *Caietul albastru*, Iasi, Idea Europeană, 2007.

BALZAC, Honoré de, *La Maison du Chat-qui-pelote*, dans *La Comédie humaine. Étude de Mœurs* : *Scènes de la Vie privée*, I, éd. Bouteron et Lognon, Paris, Conard et Brentano's, 1912.

BARONI, Raphaël et MACE, Marielle (dir.), *Le Savoir des genres*, Rennes, Presses Universitaires de Rennes, coll. « La Licorne », 2007.

BARTHES, Roland, « Supplément », *OC IV*, p. 334-337.

BARTHES, Roland, « À quoi sert un intellectuel ? », entretien avec Bernard Henri Lévy, *OC V*, p. 364-382.

BARTHES, Roland, « De l'œuvre au texte », dans *Le bruissement de la langue : Essais critiques IV*, Seuil, Paris, 1984, p. 72 / *OC III*, p. 908-916.

BARTHES, Roland, « De la science à littérature », *OC II*, p. 1263-1270.

BARTHES, Roland, « Délibération », *OC V*, p. 668-681.

BARTHES, Roland, « Dix raisons d'écrire », *Corriere della sera*, 29 mai 1969, *OC III*, p. 100-101.

BARTHES, Roland, « Entre le plaisir du texte et l'utopie de la pensée », *OC V*, p. 533-540.

BARTHES, Roland, « Esquisse d'une société sanatoriale » [1947], *Album, Inédits, correspondances et varia*, édition établie et présentée par Éric Marty, Paris, Seuil, 2015, p. 87-89.

BARTHES, Roland, « L'activité structuraliste », dans *Essais critiques*, Seuil, Paris, 1964 / *OC II*, p. 466-472.

BARTHES, Roland, « La crise du désir », *OC V*, p. 941-945.

BARTHES, Roland, « La littérature littérale » dans *Essais critiques*, Seuil, Paris, 1964, *OC II*, p. 325-331.

BARTHES, Roland, « La mort de l'auteur », dans *Le bruissement de la langue : Essais critiques IV*, Seuil, Paris, 1984 / *OC III*, p. 40-45.

BARTHES, Roland, « Le chant romantique », *OC V*, p. 303-308.

BARTHES, Roland, « Le style et son image », *OC III*, p. 972-981.

BARTHES, Roland, « Longtemps je me suis couché de bonne heure », *OC V*, p. 459-470.

BARTHES, Roland, « Masculin, féminin, neutre », *OC V*, p. 1027-1043.

BARTHES, Roland, « Plaisir/Écriture/Lecture », *OC IV*, p. 199-213.

BARTHES, Roland, « Pouvoirs de la tragédie antique », *OC I*, p. 259-268.

BARTHES, Roland, « Préface » à Renaud Camus, *Tricks*, P.O.L., Paris, 1988, p. 13-18 / *OC V*, p. 684-687.

BARTHES, Roland, « Rapports entre fiction et critique selon Roger Laporte », *OC V*, p. 758-759.

BARTHES, Roland, « Roland Barthes par Roland Barthes », Paris, Seuil, 1975 / *OC IV*, p. 575-771.

BARTHES, Roland, « Sémiologie et médecine », *OC IV*, p. 174-183.

BARTHES, Roland, « Soirées de Paris », *OC V*, p. 977-993.

BARTHES, Roland, « Sur la photographie », *OC V*, 931-937.

BARTHES, Roland, « Sur la photographie (avec Angelo Schwartz et Guy Mandery) », *OC V*, p. 931-937.

BARTHES, Roland, « Tels », *OC V*, p. 299-303.

BARTHES, Roland, « Transcription de *Vita Nova* », *OC V*, p. 1007-1018.

BARTHES, Roland, « Un contexte trop brutal », *OC V*, p. 657-658.

BARTHES, Roland, « Vita Nova », *OC V*, p. 994-1001.

BARTHES, Roland, *Album, Inédits, correspondances et varia*, édition établie et présentée par Éric Marty, Paris, Seuil, 2015.

BARTHES, Roland, *Carnets de voyage en Chine*, Paris, Christian Bourgois, 2009.

BARTHES, Roland, *Comment vivre ensemble. Cours et séminaires au Collège de France, 1976-1977*. Texte établi, annoté et présenté par Claude Coste, Paris, Seuil/IMEC, 2002.

BARTHES, Roland, *Critique et vérité*, Seuil, Paris, 1966, p. 45, *OC II*, p. 757-801.

BARTHES, Roland, dossier « Bucarest », Archives du Ministère des Affaires Étrangères, Nantes.

BARTHES, Roland, *Essais critiques*, Seuil, Paris, 1964, p. 13-14, *OC II*, p. 269-528.

BARTHES, Roland, Fonds « Barthes », BNF.

BARTHES, Roland, *Fragments d'un discours amoureux*, « Contingences », Paris, Seuil, 1977 / *OC V*, p. 25-296.

BARTHES, Roland, *Incidents*, Paris, Seuil, 1987 / OC V, 955-976.

BARTHES, Roland, *Journal de deuil. 26 octobre 1977 – 15 septembre 1979*, éd. Nathalie Léger, Seuil/Imec, Paris, 2009.

BARTHES, Roland, *L'Obvie et L'Obtus*, Paris, Le Seuil, 1982, coll. « Points », 1992.

BARTHES, Roland, *La Chambre claire. Note sur la photographie*, Paris, Éditions de l'Étoile, Gallimard, Seuil, 1980 / *OC V*, p. 785-895.

BARTHES, Roland, *La Préparation du roman I et II, Cours et séminaires au Collège de France (1978-1979 et 1979-1980)*, texte établi, annoté et présenté par Nathalie Léger, Éditions du Seuil / IMEC, « traces écrites », 2003.

BARTHES, Roland, *Le Degré zéro de l'écriture*, Seuil, Paris 1953 / *OC I*, p. 169-225.

BARTHES, Roland, *Le Neutre, Cours au Collège de France (1977-1978)*, texte établi, annoté et présenté par Thomas Clerc, Paris, Seuil IMEC, coll. « traces écrites », 2002.

BARTHES, Roland, *Le Plaisir du texte*, Seuil, Paris, 1973, p. 60 / *OC IV*, p. 217-266.

BARTHES, Roland, *Mythologies*, Seuil, Paris, 1957, *OC I*, p. 671-870.

BARTHES, Roland, *Nouveaux essais critiques*, *OC IV*, p. 23-121.

BARTHES, Roland, *Roland Barthes par Roland Barthes*, Paris, Seuil, « Écrivains de toujours », 1975 / *OC IV*, p. 575-772.

BARTHES, Roland, *S/Z*, Seuil, Paris, 1970, p. 126-127 / *OC III*, p. 119-346.

BARTHES, Roland, *Sade, Fourier, Loyola, OC III*, p. 699-868.

BARTHES, Roland, *Sur Racine*, *OC II*, p. 51-196.

BAZIN, André, *Qu'est-ce que le cinéma ?*, Paris, Éditions du Cerf, 2007.

BLANCHOT, Maurice, *La Pas au-delà*, Paris, Gallimard, 1973.

BOUTOUTE, Éric, *Sade et les figures du baroque*, Paris, Éditions l'Harmattan, 1999.

BRAUD, Michel, *La Forme des jours. Pour une poétique du journal personnel*, Paris, Seuil, 2006.

BRULOTTE Gaétan, « L'Envers du mythe Roland Barthes », compte rendu de *Incidents* de Roland Barthes, *Liberté*, vol. 30, nº 1, (175) 1988, p. 96-102.

CANGUILHEM, Georges, *Le normal et le pathologique* [1966], Paris, PUF, coll. « Quadrige », 2013.

CASTEL, Pierre-Henri, *Pervers, analyse d'un concept*, suivi de *Sade à Rome*, Montreuil-sous-Bois, Les Éditions d'Ithaque, 2014.

CEARD Jean, « Le moyen et le neutre », *Éloge de la médiocrité, Le juste milieu à la Renaissance*, dirigé par Emmanuel Naya et Anne-Pascale Pouey-Mounou, Paris, Éditions ENS Rue d'Ulm, coll. « Coup d'essai », 2005, p. 9-23.

CHARLES, Michel, « L'amour de la littérature », *Poétique*, nº 47, septembre 1981.

COUDREUSE, Anne, *Le Goût des larmes au XVIIIe siècle*, Paris, Presses Universitaires de France, coll. « écriture », 1999.

DELEUZE, Gilles, « Description de la femme. Pour une philosophie d'autrui sexuée », dans *Lettres et autres textes*, édition préparée par David Lapoujade, Paris, Les Éditions de Minuit, 2015, p. 253-265.

DELEUZE, Gilles, *Le pli, Leibniz et le baroque*, Paris, Les Éditions de Minuit, 1988.

DELEUZE, Gilles, *Proust et les signes*, Paris, PUF, 1971.

DELON, Michel, « Sade ou la beauté tourmentée » in : *Magazine littéraire*, n° 300, juin 1992.

DELON, Michel, *Les vies de Sade 1. Sade en son temps. Sade après Sade*, Paris, Textuel, 2007.

DERRIDA, Jacques, « *Préjugés* – devant la loi », dans J.-F. Lyotard *et alter*, *La faculté de juger*, Paris, Minuit, 1985.

DERRIDA, Jacques, « Une certaine possibilité impossible de dire l'événement », dans Jacques DERRIDA, Gad SOUSSANA, Alexis NOUS, *Dire l'événement, est-ce possible ? Séminaire de Montréal, pour Jacques Derrida*, Montréal, L'Harmattan, 2001.

DERRIDA, Jacques, *Khôra*, Paris, Galilée, 1993.

DERRIDA, Jacques, *L'archéologie du frivole*, Paris, Galilée, 1973/1990.

DERRIDA, Jacques, *L'Écriture et la différence*, Paris, Seuil, coll. Points, 1967.

DIDI-HUBERMAN, Georges, *Devant l'image. Question posée aux fins d'une histoire de l'art*, Paris, Les Éditions de Minuit, 1990.

ERIBON, Didier, *Échapper à la psychanalyse*, Paris, Éditions Léo Scheer, Variations II, 2005.

ESPONDE, Jean, *Roland Barthes, un été (Urt 1978)*, Bordeaux, Éditions confluences, 2009.

FERRARI, Federico, NANCY, Jean-Luc, *La fin des fins. Scène en deux actes*, Nantes, Éditions nouvelles Cécile Défaut, 2015.

GALIEN, Claude, *Œuvres, II : Exhortation à la médecine, Art médical*, texte établi et traduit par Véronique Boudon, Paris, Les Belles Lettres, 2000.

GAUTIER, Théophile, *Émaux et Camées* (1852), Paris, Bibliothèque Charpentier, Fasquelle, 1919.

GIDE, André, *Notes sur Chopin*, Paris, Gallimard, 1938.

GIRARD, Mathilde, NANCY, Jean-Luc, *Proprement dit. Entretien sur le mythe*, Paris, Lignes, 2015.

GOULEMOT, Jean-Marie, *Ces livres qu'on ne lit que d'une main. Lecture et lecteurs de livres pornographiques au XVIIIe siècle*, Aix-en-Provence, Alinéa, 1991.

HADOT, Pierre, *La citadelle intérieure. Introduction aux* Pensées *de Marc Aurèle*, Paris, Fayard, 1992.

JAY, Martin, *Downcast Eyes: The Denigration of Vision in Twentieth-Century French Thought*, Berkeley, Los Angeles, University of California Press, 1993.

Joubert-Laurencin, Hervé, *Le Sommeil paradoxal*, Paris, Éditions de l'œil, 2014.

Jouve, Vincent, *La littérature selon Barthes*, Paris, Éditions de Minuit, 1986.

Jullien, François, *De l'intime. Loin du bruyant Amour*, Paris, Grasset, 2013.

Jullien, François, *Du mal / Du négatif*, Paris, Seuil, « Points », 2004.

Kristeva, Julia, « La voix de Barthes », conférence donnée à *Roland Barthes, résolument moderne*, une soirée d'hommage à Roland Barthes organisée par le Centre Roland-Barthes à l'ENS le 18 novembre 2008 ; http://www.kristeva.fr/barthes.html

Kristeva, Julia, « Roland Barthes et l'écriture comme démystification », dans *Sens et non-sens de la révolte : pouvoirs et limites de la psychanalyse*, Paris, Fayard/Livre de poche, 1996.

Laborde, Alice, *Le mariage du marquis de Sade*, Paris-Genève, Champion-Slatkine, 1988.

Lacoue-Labarthe, Philippe, Nancy, Jean-Luc, *Scène, suivi de Dialogue sur le dialogue*, Paris, Christian Bourgois Éditeur, coll. « Détroits », 2013.

Laufer, Roger et Scavetta, Domenico, *Texte, hypertexte, hypermédia*, Paris, PUF, 1995.

Lely, Gilbert, *Morceaux choisis de Donatien Alphonse François Marquis de Sade*, Paris, Seghers, 1948.

Lely, Gilbert, *Vie du marquis de Sade, avec un examen de ses ouvrages*, dans D.A.F. de Sade, *Œuvres complètes*, tome I-II, Paris, Cercle du livre précieux, 1966 / *Vie du Marquis de Sade*, Paris, Mercure de France, 1989.

Lely, Gilbert, *Vie du marquis de Sade*, Paris, Mercure de France, 1989.

Leroy, Pierre, éd., *Anne-Prospère de Launay. « L'amour de Sade »*, Paris, Gallimard, 2003.

Lever, Maurice (dir.), *Bibliothèque Sade I. Papiers de famille. Le règne du père (1721-1760)*, Paris, Fayard, 1993.

Lever, Maurice (dir.), *Bibliothèque Sade II, Papiers de famille. Le marquis et les siens (1761-1815)*, Paris, Fayard, 1995.

Lever, Maurice, *Donatien Alphonse François, marquis de Sade*, Paris, Fayard, 1991.

Lever, Maurice, éd., « Je jure au marquis de Sade mon amant de n'être jamais qu'à lui… », Paris, Fayard, 2005.

Lyotard, Jean-François, *Lectures d'enfance*, Paris, Galilée, 1991.

Lyotard, Jean-François, *Pourquoi philosopher ?*, Paris, PUF, 2012.

Malbreil, Xavier, « Pour une méthodologie d'approche critique des œuvres de littérature informatique », *RiLUnE*, 7/2006.

Mallet, Marie-Louise, *La musique en respect*, Paris, Galilée, 2002.

Marc-Aurele, *Pensées*, éd. A. I. Trannoy, Paris, Les Belles Lettres, 1964.

Marty, Éric, « Roland Barthes et la question du genre. Le Journal », dans Raphaël Baron et Marielle Macé (dir.), *Le Savoir des genres*, Rennes, Presses Universitaires de Rennes, coll. « La Licorne », 2007, p. 85-95.

MARTY, Éric, *La fille*, Paris, Seuil, 2015.
MARTY, Éric, *Pourquoi le XXe siècle a-t-il pris Sade au sérieux ?*, Paris, Seuil, 2011.
MARTY, Éric, *Roland Barthes. Le métier d'écrire*, Paris, Seuil, Fiction et Cie, 2006.
MELMAN, Charles, *L'Homme sans gravité. Jouir à tout prix*, Paris, Gallimard, Folio Essais, 2005.
MICHAUD, Ginette, *Lire le fragment : transfert et théorie de la lecture chez Roland Barthes*, Montréal, Hurtubise HMH, 1989.
MICHON, Pierre, *Rimbaud le fils*, Paris, Gallimard, coll. Folio, 1991.
MILNER, Jean-Claude, *Le pas philosophique de Roland Barthes*, Lagrasse, Verdier, coll. Philia, 2003.
NANCY, Jean-Luc, *Corpus*, Paris, Métailié. Sciences humaines, 2000.
NANCY, Jean-Luc, *Le sens du monde*, Paris, Galilée, 1993.
NARBONI, Jean, *La Nuit sera noire et blanche. Barthes, 'La Chambre claire', le cinéma*, Paris, Les Prairies ordinaires et Capricci, 2015.
PLATON, *Le Banquet*, trad. Vicaire, dans *Œuvres complètes*, tome IV, 2e partie, Paris, Les Belles Lettres, 2008.
PLATON, *Phèdre*, trad. Vicaire, dans *Œuvres complètes*, tome IV, 3e partie, Paris, Les Belles Lettres, 2002.
POLAN, Dana, « Roland Barthes and the Moving Image », *October 18*, Automne 1981, p. 41-46.
POP, Ion, *Ore franceze*, Bucuresti, Univers, 1979.
PROUST, Marcel, *À la Recherche du temps perdu*, Paris, Gallimard, coll. « La Pléiade », 1989.
QUIGNARD, Pascal, *La Haine de la musique*, Paris, Gallimard, 1996.
QUIGNARD, Pascal, *Le nom sur le bout de la langue*, Paris, Gallimard, coll. Folio, 2009.
QUIGNARD, Pascal, *Lycophron et Zétès*, Paris, Gallimard, coll. Poésie, 2010.
QUIGNARD, Pascal, *Petits traités II*, Paris, Gallimard, coll. Folio, 1990.
RABELAIS, François, *Le Tiers livre des faictz et dictz du noble Pantagruel*, édition critique sur le texte publié en 1552 à Paris par Michel Fezandat, Introduction, bibliographie et variantes par Jean Céard, Paris, Librairie Générale Française, Le Livre de Poche, « Bibliothèque classique », 1995.
RANCIÈRE, Jacques, « Le gai savoir de Bertolt Brecht », dans DORT, Bernard, PEYRET, Jean-François (dir.), *Les Cahiers de l'Herne, n° 35/1*, 1979. (dans *Politique de la littérature*, Paris, Galilée, 2007, p. 113-145.
RANCIÈRE, Jacques, *La parole muette. Essai sur les contradictions de la littérature*, Paris, Hachette, 1998.
RANCIÈRE, Jacques, *Le Destin des images*, Paris, La Fabrique, 2003.
ROBBE-GRILLET, Alain, *Pourquoi j'aime Barthes*, éd. Olivier Corpet, Paris, Christian Bourgois éditeur, 2009.

ROSENBAUM, Jonathan, *Placing Movies: The Practice of Film Criticism*, Berkeley, Los Angeles, University of California Press, 1988.

ROUILLE, André, *La Photographie*, Paris, Gallimard, Folio-Essais, 2005.

ROWNER, Ilai, « Une cloche sans battant. Le *Journal de deuil* de Roland Barthes », *Études françaises*, vol. 49, nº 1, 2013, p. 151-166.

SADE, Donatien Alphonse François, marquis de, *Anne-Prospère de Launay : « L'amour de Sade »*, lettres retrouvées et éditées par Pierre Leroy, avant-propos de Philippe Sollers, Paris, Gallimard, 2003.

SADE, Donatien Alphonse François, marquis de, *Correspondance inédite du Marquis de Sade, de ses proches et de ses familiers publiée avec une introduction des annales et des notes*, Paris, Libraire de France, 1929 (éd. P. Bourdin).

SADE, Donatien Alphonse François, marquis de, *Histoire de Juliette*, dans : *Œuvres complètes du Marquis de Sade*, t. IX, Paris, Éditions Pauvert, 1987.

SADE, Donatien Alphonse François, marquis de, *Idées sur les romans*, in : *Les Crimes de l'Amour*, Paris, Union générale des Éditeurs, (10/18), 1971.

SADE, Donatien Alphonse François, marquis de, *La Nouvelle Justine ou les Malheurs de la vertu*, Paris, Éditions 10/18, Département d'Univers Poche, coll. « Domaine français », 1978.

SADE, Donatien Alphonse François, marquis de, *La Philosophie dans le boudoir ou les Instituteurs immoraux*, Paris, Gallimard, « folio », 1976.

SADE, Donatien Alphonse François, marquis de, *Les Cent-Vingt Journées de Sodome, Aline et Valcour*, Paris, Gallimard, Bibliothèque de la Pléiade, 1990.

SADE, Donatien Alphonse François, marquis de, *Les Infortunes de la Vertu*, Paris, Club des Classiques, 1977.

SADE, Donatien Alphonse François, marquis de, *Lettres à sa femme*, Arles, Actes Sud, 1997 (éd. Marc Buffat).

SADE, Donatien Alphonse François, marquis de, *Lettres et Mélanges littéraires écrits à Vincennes et à la Bastille*, Paris, Borderie, 1980, tome II (éditeurs Georges Daumas et Gilbert Lely).

SADE, Donatien Alphonse François, marquis de, *Lettres inédites et documents retrouvés par Jean Louis Debauve*, Paris, Ramsay / Pauvert, 1990.

SADE, Donatien Alphonse François, marquis de, *Œuvres*, édition établie par Michel Delon, Paris, Gallimard, coll. « Bibliothèque de la Pléiade », 1990-1998, 3 tomes.

SADE, Donatien Alphonse François, marquis de, *Voyage à Naples*, Paris, Payot & Rivages, 2008 (éd. Chantal Thomas).

SADE, Donatien Alphonse François, marquis de, *Voyage d'Italie ou Dissertations critiques, historiques et philosophiques sur les villes de Florence, Rome, Naples, Lorette et les routes adjacentes de ces quatre villes*, Paris, Fayard, 1995 (édition établie et présentée par Maurice Lever) / *Voyage d'Italie*, Paris, Tchou éditeur, 1967.

SAMOYAULT, Tiphaine, *Roland Barthes*, Paris, Seuil *Biographie*, coll. « Fiction & Cie », 2015.

SARTRE, Jean-Paul, *Esquisse d'une théorie des émotions*, Paris, Hermann [1938] rééd. 1995.

SCHIED, John, *Religion et piété à Rome*, Paris, Albin Michel, 2001.

SERRES, Michel, *Musique*, Éditions Paris, Le Pommier, 2011.

SIRIN, Petre, dossier « Amphytrio », archives privées d'Alexandru Lupescu, Bran, Roumanie.

STIENON, Valérie, « Roland Barthes et son Journal : de l'inclination à la délibération », *Études françaises*, vol. 45, n° 3, 2009, p. 129-150.

THOMAS, Chantal, *Sade*, Paris, Seuil, 1994.

VALERY, Paul, *Cahiers I – II*, Paris, Gallimard, « Bibliothèque de la Pléiade », éd. J. Robinson, 1973 (I) / 1974 (II).

VALERY, Paul, *Œuvres I – II*, Paris, Gallimard, « Bibliothèque de la Pléiade », éd. J. Hytier, 1957 (I) / 1960 (II).

VAN REETH, Adèle, NANCY, Jean-Luc, *La jouissance. Questions de caractère*, Plon/France Culture, Paris, 2014.

VUILLEMIN, Alain, « La lecture informatique et l'écrilecture », dans A. Vuillemin et M. Lenoble, *Littérature, informatique, lecture*, Presses Universitaires de Limoges, Limoges, 1999.

WATTS, Philip, *Le Cinéma de Roland Barthes*, trad. Sophie Queniet, Paris, De l'incidence éditeur, 2015.

INDEX DES NOMS

INDEX DES NOTIONS

PRÉSENTATION DES AUTEURS ET RÉSUMÉS

Tomislav BRLEK, « Écrilecture selon et chez Barthes »

Tomislav Brlek, maître de conférences en littérature comparée à l'université de Zagreb, est l'auteur de *Lekcije : studije o modernoj književnosti* [Leçons : études sur la littérature moderne] (Zagreb, 2015). Il a publié sur T.S. Eliot et Don DeLillo aussi bien que sur Lyotard et Derrida et a traduit des livres.

Vu que l'indissociable connexion entre écriture et lecture est une vieille histoire, cet article montre que selon et chez Barthes il s'agit précisément d'un incessant renversement, d'une réponse réciproque inventant chaque fois sa forme.

Granted that the indissoluble connection between writing and reading is nothing new, this paper demonstrates that what is at stake according to Barthes no less than in his own writing is precisely a ceaseless reversal, a two-way response that each time invents its proper form anew.

Thomas CLERC, « La Chambre à moitié claire »

Thomas Clerc est écrivain. Son dernier livre s'intitule *Intérieur* (Paris, 2013). Il est également critique et maître de conférences en littérature française à l'université de Paris Ouest – Nanterre – La Défense. Éditeur scientifique du cours de Roland Barthes au Collège de France, *Le Neutre* (Paris, 2000), il est également chroniqueur radio à France-Inter et chroniqueur mensuel à *Libération*.

La Chambre claire pâtit d'une réception univoque, qui vise à figer Barthes dans une posture mélancolique (le « dernier Barthes »). Or il s'agit là d'une approche réductrice, notamment développée par Jacques Rancière. La lecture de ce dernier est dans cet article partiellement déconstruite.

Camera Lucida *suffered a univocal reception, which froze Barthes in a melancholy posture (the "final Barthes"). But such an approach approach, developed in particular by Jacques Rancière, is reductive. His reading is here deconstructed to a certain extent.*

Alexandre GEFEN, « Le jeune homme et la mort : Barthes et la création »

Alexandre Gefen est chercheur au Centre d'étude de la langue et des littératures françaises (CNRS-université Paris-Sorbonne). Directeur de la Nouvelle revue esthétique, fondateur de Fabula.org, il travaille sur la théorie littéraire, les cultures contemporaines et les humanités numériques, notamment au sein du directoire du Laboratoire d'excellence OBVIL (Sorbonne) et du Conseil scientifique du CNRS/INSHS.

Cet article s'intéresse aux multiples définitions de la littérature proposées par Barthes comparée au « vaisseau Argo qui gardait toujours le même nom bien que toutes les pièces en eussent été changées peu à peu » en faisant l'hypothèse qu'elles nous renvoient à une vision ancienne, intime et tragique de l'écriture.

The paper explores the multiple definitions of literature proposed by Barthes comparing them to "the ship Argo which always retained the same name although each of its pieces was gradually replaced" in order to propose that they direct us toward an ancient, intimate, and tragic vision of writing.

Nenad IVIĆ, « Jouir de penser. Archéologie d'une métaphore »

Nenad Ivić est professeur de littérature française à l'université de Zagreb. Il a publié des livres sur l'historiographie médiévale et antique : *Domišljanje prošlosti* (Zagreb, 1992), *Textus. Istraživanja o Amijanu Marcelinu* (Zagreb, 2002) et sur la littérature, poésie et musique moderne : *Napulj i druga imaginarna mjesta* (Zagreb, 2009), *Augurium* (Zagreb, 2012) et *Grč sirene* (Zagreb, 2014).

Cet article explore l'idée barthésienne de l'amour à partir de la métaphore de critique augure et ses ramifications philosophiques (platonisme, goût, événement comme impossibilité) et littéraires (projet du roman, érotographie, écriture, plaisir, jouissance).

The paper explores the Barthesian idea of love through his metaphor of the critic as augur in its philosophical (Platonism, taste, event as impossibility) and literary (project of a novel, erotography, writing, pleasure, bliss) ramifications.

Laura MARIN, « De la "vitalité désespérée" du Neutre »

Laura Marin enseigne à l'université de Bucarest au Centre d'excellence dans l'étude de l'image (CESI). Elle a obtenu son doctorat d'histoire et sémiologie du texte et de l'image en 2011 avec une thèse préparée en cotutelle à l'université Paris-Diderot

– Paris 7 et à l'université de Bucarest, publiée sous le titre *Le Neutre. Lire Blanchot dans les traces de Levinas et Derrida* (Bucarest, 2013).

Dans cet article il s'agit d'interroger le neutre de Barthes dans son rapport au pathologique, et plus largement, à la tradition médicale du neutre, pour analyser, dans sa fidélité et ses glissements de sens, une formule qu'il emprunte à Pasolini et par laquelle il désigne l'activité (acte et affect) du neutre : « la vitalité désespérée ».

This article attempts to explore Barthes' understanding of the "neutral" in its relation to the pathological and, more generally, to the medical tradition within which this notion has been articulated. My analysis will focus on the vitalité désespérée, *a phrase that Barthes takes from Pasolini in order to describe, by means of successive displacements, the active and effective dimensions of the neutral.*

Alexandru Matei, « La Délicatesse contre/avec l'Engagement. Barthes en Roumanie »

Alexandru Matei enseigne la culture française à l'université Lumina, Bucarest. Il fait des recherches sur la jeunesse de Roland Barthes, notamment sur ses années passées en Roumanie. Il a publié *Jean Echenoz et la distance intérieure* (Paris, 2012) et fait paraître quelques articles sur Roland Barthes, notamment dans les revues Romance Studies et http://www.roland-barthes.org/revue.html.

La délicatesse est une des figures du neutre : une qualité requise par le vivre-ensemble de l'individu, en dehors ou du moins en marge du pouvoir. Comment peut-on qualifier alors sa délicatesse dans son double exercice, public et privé, et en quoi cette délicatesse est-elle responsable d'un relatif oubli de Barthes en Roumanie, aujourd'hui ?

Delicacy is a figure of the Neutral. It is a quality required by the living-together of the individual, outside or at least on the fringes of Power. How then is delicacy to be qualified in its twofold practice, public and private, and to what extent is such delicacy responsible for the relative oblivion of Barthes in post-communist Romania?

Codruța Morari, « Le Cinéma comme festival d'affects. Roland Barthes et le septième art »

Codruța Morari est maître de conférences à Wellesley College, aux États-Unis, où elle enseigne la théorie et l'histoire du cinéma français. Elle est titulaire d'une thèse de doctorat en études cinématographiques (université de la Sorbonne nouvelle – Paris 3, 2008) et l'auteure d'un texte intitulé *The Maniacs of Truth : French Film Authorship in the Wake of Robert Bresson.*

Les écrits de Roland Barthes sur le cinéma témoignent d'une forte résistance au septième art qui ne cesse de le fasciner. En examinant la tension entre ces deux attitudes, cet essai trace un dialogue virtuel avec André Bazin et fait le bilan de l'impact de Barthes dans la théorie du cinéma.

Roland Barthes's writings on film testify to a strong resistance to the 7th art which, however, never ceases to fascinate him. Exploring the tension between these two attitudes, this essay traces a virtual discussion with André Bazin and assesses Barthes's impact on film theory.

Dominique RABATÉ, « Que reste-t-il du *Plaisir du texte* ? »

Dominique Rabaté est professeur de littérature française à l'université Paris-Diderot – Paris 7. Membre de l'Institut universitaire de France, il a écrit de nombreux livres sur Quignard, NDiaye, des Forêts, sur le récit au vingtième siècle, ou le sujet lyrique. Ses derniers titres parus sont *Le Roman et le Sens de la vie* (Paris, 2010) et *Gestes lyriques* (Paris, 2013), et *Désirs de disparaître* (Québec, 2015).

Cet article considère l'héritage possible et la postérité du *Plaisir du texte.* Il s'agit donc de faire la part de ce qui relève du climat de l'époque et de la démarche originale et toujours féconde de ce livre charnière publié en 1973.

This paper considers the possible inheritance and the legacy of The Pleasure of the Text. *It distinguishes between what this pivotal book published in 1973 owes to the period in which it was written and what constitutes Barthes' original and still fruitful approach.*

Maïté SNAUWAERT, « L'exercice lucide du deuil »

Maïté Snauwaert est l'auteure de *Philippe Forest, la littérature à contretemps* (Nantes, 2012) et d'études sur le deuil et la fin de vie dans la littérature contemporaine. Elle mène une recherche intitulée « Apprendre à mourir au XXIe siècle : la contribution littéraire » avec le soutien du Conseil de recherches en sciences humaines du Canada. Elle est professeure à l'université de l'Alberta.

Ce texte explore la dimension privilégiée du journal comme genre du pathétique, à même d'exprimer les émotions du deuil en même temps qu'il conserve le silence. Par son écriture quasi-quotidienne, il crée une *mesure* de l'expérience du deuil qui donne sa portée au *Journal de deuil* en tant que texte d'élucidation personnel en chemin vers une œuvre.

The privileged dimension of the diary as a genre which is pathetic but also enables the expression of mourning even as it keeps silent is explored in this paper. The very practice of writing almost daily provides a certain measure *of the experience of mourning, which makes* Mourning Diary *a personal document on its way toward becoming a work.*

Frédéric SOUNAC, « Fragments d'une jouissance sonore. Expérience musicale et sexualité chez Roland Barthes »

Frédéric Sounac est maître de conférences à Toulouse où il se consacre principalement à l'étude des relations entre littérature et musique. Auteur de plusieurs ouvrages dans ce domaine, il collabore avec l'orchestre de Paris, et est un partenaire régulier de la pianiste Maria João Pires, à l'occasion de projets artistiques et pédagogiques.

Si l'érotique de Barthes est partout, le discours sur la sexualité est chez lui beaucoup plus rare. Cet article émet l'hypothèse que ce discours transparaît dans ses études sur la musique, qu'il s'agisse de méditations sur la pratique musicale ou de considérations plus directement esthétiques.

Although Roland Barthes' erotics are everywhere, his discourse about sexuality, however, seems to be almost absent. This essay is based on the hypothesis that such a discourse is actually mataphorically present in Barthes' texts devoted to music: reflexions on music making or aesthetic views.

Maja VUKUŠIĆ ZORICA, « "*So much for pathos*" – "Cueillir des roses au milieu des épines". (Sade et Barthes) »

Maja Vukušić Zorica, maître de conférences à l'université de Zagreb, a soutenu sa thèse à l'université Paris-Diderot – Paris 7 sous la direction d'Éric Marty. Elle est l'auteur d'*André Gide* : les gestes d'amour – *l'amour des gestes* (Paris, 2013). Elle a publié sur Gide, Sade, Barthes, Haendel, Chopin, Pierre Louÿs et a traduit quatorze livres dont *Naissance de la biopolitique* de Foucault.

Le Sade barthésien déploie la figure et le pli du désir, de Monty Python à Valéry, de « Mettre de l'ordre » à Mallarmé, de « Cacher la Femme » au « pur signe » de Beauté, des roses à la fille de Marty, et la jouissance du corps *figural* d'autrui, le neutre du plaisir et la délicatesse presque impossible.

Barthes's Sade deploys the figure and the fold of desire, from Monty Python *to Valéry, from* Bringing order *to Mallarmé,* from Hide the Woman *to the "pure sign" of Beauty, from roses to Marty's girl, and the bliss of the* figural *body of the other, the neutral of pleasure, and the almost impossible delicacy.*

TABLE DES MATIÈRES

DEUXIÈME PARTIE

ÉCARTS

IMPRIM'VERT®

Achevé d'imprimer par Corlet Numéric,
Z.A. Charles Tellier, Condé-en-Normandie (Calvados), en avril 2021
N° d'impression : 171268 - dépôt légal : avril 2021
Imprimé en France